面對生死的指南

原版序

南華大學講座教授兼校務顧問　釋慧開

很高興廣志又出新書了，書名取得非常有創意而且生動：《貪生不怕死——念念分明來去自如》（《來去自如——與生死跳探戈》），帶有一種與生命旋律同步進退的含義，他透過 Line 訊息希望我為本書寫篇序文，我欣然應允。

生命的終極奧祕，就蘊藏在我們對於死亡的參究與體悟當中；死亡的玄機，在於其深化了我們對於生命的探索與體悟。如果想要深入了解生命的終極奧祕，就必須要認真參究死亡，死亡是生命奧祕的一扇祕密窗口，透過這一扇窗口，可以一窺生命的堂奧與死亡的玄機。

從書名的擬定，可以看得出廣志的用心與創意，面對生死也可以像跳探戈一樣的優雅。何處是探究生死課題的場所？無須走到天涯海角，就在我們的日常生活當中；何時是思維生死玄機的時機？不用等到地老天荒，就在無時無刻的生命當下。廣志討論生老病死的各項切身課題，不談抽象玄理，而是以日常生活中的所見所聞，與親人、朋友、同僚、學生等之間的互動，以及醫學教學中的臨床實務為素材，用平易近人的語調而又引人入勝的筆觸來表達、敘說、對話與討論。

本書可視為探索生死之旅的導覽，也可做為學習面對生死的指南，帶領讀者在日常生活中反思生命與死亡的玄機，開擴我們的生死視野，能夠坦然面對自我以及親人的生死大事，從而能夠及早準備，瀟灑去來。

廣志是臺灣南華大學生死學研究所碩士班第二屆的畢業生，也是我心目中非常優秀難得的學生。從南華畢業後，他赴澳洲深造，取得博士學位，目前在澳洲Griffith大學醫學院擔任醫病溝通課程主任，以及在黃金海岸大學醫院擔任臨床教師，結合生死學的研究與醫學臨床教學，貢獻所學於醫學教育與生死教育。二〇一七年，廣志以其所學與專業，以及將生死學融入醫學教育與臨床教學之實際貢獻，獲頒南華大學傑出校友。

我希望廣志這本新書的出版，能更進一步帶動世界各地的華人社群，化解生死的恐懼，坦然面對生老病死的必修課題，不但能提升自己與親人的生活品質與生命尊嚴，也能安頓自己與親人的死亡品質與尊嚴。

二〇一八年十一月十四日於南華大學學慧樓

原版序

醫者之師　醫人醫心

佛光山新馬泰印教區總住持
覺誠

曾廣志博士的新書即將付梓，實是讀者之福，令人不勝欣喜。十幾年來，曾博士除了完成醫師的學業，更在澳洲再上一層樓，成為醫界的老師，亦即是醫師心理輔導師。

透過心理輔導，舉凡醫師在工作上遭遇自身或患者的問題，或是在開刀、治療的過程中，面臨任何心中障礙，都會向曾博士請教。

這是一件不簡單的任務與工作，尤其當醫師遇到病人的死亡，或是無法挽救的疑難雜症，難免必須面對諸多困難與心中的執礙，內心也多少會產生陰影；一旦醫師有了難以跨越的負擔與障礙，很可能也無法再繼續執業。所以醫師也需要心理醫師給予幫助，這也是醫師很重要的舒壓與療癒方式。

本書是曾博士累積十餘年來，關於心理、臨終、治療、倫理的輔導經驗及看法，所例舉的個案皆為實例，不僅是一本實際的生死學，更是精采的人生哲學，相信讀者在閱讀中，會有很大的收穫。很歡喜曾博士之邀請，在此擇言幾句，是為序。

推薦序

生命之歌　來去自在

國際佛光會秘書長
覺培

生命如四季交替，可這本書卻以「來中有去，去中有來」、「生如夏花，死如秋葉」來點出夏日炎炎之生，秋季不寒之死。輾轉告訴我們：生，既不是春風揚揚之歡，何足以慶喜？死，亦非寒冬凋零，何足以悲傷？此乃洞察生死後，體悟生不足以貪戀，死亦不足以畏懼。這是作者對生死的明白，也是做為一位生死學家，從教學場域到生活淬鍊中所印證的心境。

佛教談起生死，有所謂「貪生怕死」、「醉生夢死」的凡夫，有透澈生死如南柯一夢，修行至「了生脫死」之二乘人，也有不忍眾生苦，甘願倒駕慈航「出生入死」

至「生死不二」之菩薩行者，眼界視野深淺不同，人生風景自然有所差異。而這本書從〈普賢菩薩警眾偈〉起頭，如洪鐘初叩，欲敲醒睡夢中人：「是日已過，命亦隨滅，如少水魚，斯有何樂？大眾當勤精進，如救頭燃，但念無常，慎勿放逸。」形容生命像遊記，生病如贈禮，作者以樂觀的姿態，重新註解了世事難料的變化，在不同的因緣下，皆能積極面對，了無遺憾。

作者又以《八大人覺經》第一覺知引述：「世間無常，國土危脆；四大苦空，五陰無我；生滅變異，虛偽無主；心是惡源，行為罪藪。如是觀察，漸離生死。」這短短數言，既是要人們重新思維山河大地之「器世間」與六道眾生之「有情世間」的變遷無常，從「生老病死」、「成住壞空」到「生住異滅」的過程，我們的心隨之起舞，時而為天，時而為地，在法界流轉的生死中，對於這念「心」是否看得見？看得通？看得透？如何在面對人生的不確定性，準備生命中最該準備的事情。是如此沒錯，這世間總有人在不斷攀爬中，窮忙著帶不走的一切。殊不知「將軍戰馬今何在？野草閑花滿地愁。」

感悟了生死還不行，菩薩念茲在茲，覺悟有情卻行腳於人間裡，聞聲救苦，也在五濁惡世中廣修淨行；既要如觀世音菩薩能觀一切因緣而自在遊於娑婆，也要如普賢菩薩一步一腳印於世間道中得解脫。這是施無畏的寫照，也是真佛子的踐行。也因此，孝親要及時，助念助人都無非自他兩利。

走完上卷的學分，要邁向的是「取捨之間」，學會「放手」的智慧，面對死亡之際，依舊「念念分明」的清淨。「輪迴」乃因念念相續、種種取捨而輪轉不停，學習放下，是自由的轉身，也是自在灑脫的新天地。所以「常者有盡，高者易墮，合會有離，生者有死」不放手，兩邊都苦，這一步不邁開，下一步無法前行，離不開娑婆，又豈能花開見佛、往生淨土？偏偏有情難分難捨，所以要我們再回顧人生大戲：「一切有為法，如夢幻泡影，如露亦如電，應作如是觀。」

菩薩又如引路人，放手了，要去哪裡？於是作者將阿彌陀佛請出，既「無量光」

去一個沒有眾苦、光光相映的世界，亦「無量壽」諸上善人聚會一處，且沒有生死壽命的束縛，這是信仰依歸之所趣，並非終點，而是另一段旅行的起點。

廣志是一位虔誠的佛教徒，但是他沒有宗教間不能相通的藩籬；廣志也是一位菩薩道的行者，所以他深入民間，體恤眾生之苦，拔濟有情。他引用了星雲大師《佛光菜根譚》：「用智慧來傳授人生，用經驗來提攜後學，用修行來開發生命，用培德來探索未來。」說明這位老師既疼惜學生，有其悲天憫人之心，亦自許學生，持續不斷在開發生命的過程中，皆視為修行。

這樣一本好書，值得你我一讀再讀，並推薦給身邊的朋友，將生命之歌傳唱給更多的人，在優游於生命這一趟的旅程中，自在自由！

推薦序

開啟一扇思考生死且擁抱生命的門

高雄醫學大學校長
鍾育志

今年六月，前往高醫校友廣志在澳洲執教的 Griffith 大學，為雙方締結姊妹校續約時，他邀請我為他即將在臺灣出版一本有關生命教育和生死覺醒的書寫序文。身為廣志的老師，看見他多年來不遺餘力的投入醫學人文和生死關懷的熱忱與實踐，深感欣慰，更為他感到驕傲。

廣志是高雄醫學大學醫學系第三十九屆的畢業校友。一九九六年，他在小兒科擔任見習醫學生的時候曾經是我們醫療照顧團隊的一分子，印象中廣志總是正向思考、熱情洋溢。他畢業後，並未從事臨床工作，而是專注於生死學的研究。一轉眼二十年過去了，當再見到廣志時，他已獲得澳洲 Griffith 大學應用心理學研究所的哲學博士學位，且目前任職澳洲 Griffith 大學醫學院，擔任醫病溝通的教職。二〇一七年起，亦獲母校高醫大醫學系醫學人文與教育學科聘任為兼任客座副教授，並自二〇一九年八月起擔任人本化健康專業教育研究中心的客座副主任一職，協助高醫大推動全校醫學人文及生死關懷的教學。

二十年來，廣志在世界各地透過演說與寫作，致力於推廣生命教育與死亡覺醒的認知，並將生與死的教育和省思融入醫學專業的教育中，期能引導未來從事醫療專業的學生，學習如何協助病人及家屬面對生命的開始與結束，以及如何看待與親人的生離死別。廣志希望藉由分享他的經歷和人生智慧，可以讓讀者們不要害怕面對生與死的議題，而是藉由了解和省思後，得著盼望和勇氣，進而積極迎向人生的旅程，並且調整自己生命的方向與步伐。

藉由書中所記錄的故事，希望能為讀者開啟一扇思考生死且擁抱生命的門，更期許因著醫病雙方的互相同理和關懷，能一同創造深具溫度和友善的醫療服務環境，並在生、老、病、死的必然歷程裡，能坦然與身邊的親友分享感受和情緒，彼此陪伴並珍惜相處時光，讓愛永不止息。

二〇一九年八月

推薦序

善終之前要如何善生與善別

高雄市張啓華文化藝術基金會
許禮安

我是家醫科和安寧緩和醫學專科醫師，從事安寧療護、陪伴末期病人與家屬已二十多年。我一九九六年八月就在花蓮慈濟醫院開創心蓮（安寧）病房，雖然在八年抗戰之後因理念不合而離開，我如今仍努力不懈在推動「安寧療護與生死學」的社會教育。曾廣志是晚我七屆的高醫優秀學弟，囑我寫序，欣然從命且與有榮焉。

人活在世間，必然要面臨生離死別，因此告別需要練習，悲傷更需要練習。我們總有一天會成為孤兒，唯一不成為孤兒的方法是比父母早死，但這樣對父母太殘忍，所以我們必須努力活著，直到父母離開人間，而我們繼續孤單的活下去。我們活在人間，一出生就應驗了霹靂布袋戲的名言：「一步一步踏入死亡的界線。」曾廣志說：「天天都會死，日日都要活。」我則說：「時時可死，步步求生。」

安寧療護有句名言：「凡事希望有最好的結果，但別忘記做最壞的打算。」機構經常要做消防演習；臺灣每年都要「萬安」防空演習；事先要防颱準備，不能等颱風來而直接受害；甚至政府保證絕對不會發生在臺灣的核災，都還要做「核災演習」！對於每個人都是百分之百的死亡率，我們卻從來都不做「死亡演習」！我尊重您的決定，反正做不做都會死，安寧療護強調「尊重自主權與個別差異」。

我在母校高雄醫學大學開課「生死學與生命關懷」五年十回合，問學生：「假如生命只剩三個月，你要先做哪三件事？」幾乎都有「要回去陪家人」。我刺激學生：「活得好好的時候，放假都不回家，一天到晚都和朋友在鬼混，等到快死了，才想到要回去陪家人，會不會太慢了！」另兩件多半是「環遊世界」和「吃遍美食」，我說：「人生最後三個月，多半只能躺在床上、插著鼻胃管灌牛奶！」

我行醫二十八年，至少「醫死了」兩、三千位末期病人，要真正「得善終」（這是「五福臨門」第五福「考終命」：命終安詳而死），是「可遇而不可求」的「福報」。我們對於死亡都無能為力，只能莫可奈何的接受，但在死亡來臨前，我可以決定想要怎樣活著，要活出什麼樣的生命態度。你捫心自問：是混吃等死還是認真的活著？有病友說：「死神從來不放假！」死亡全年無休，隨時隨地虎視眈眈。

假如不談死就不會死，就拜託你不要談！假如談死就會提早死，請你千萬不要談！既然不管談不談死，時辰到了，該死的沒有一個人逃得掉，你為何不敢談、不願意談、避而不談？至少在「善終」之前，先來談如何「善生」與「善別」，因為好好活著和好好道別，是努力就能做到的。我都說：「你想做的事情，就可以找到很多的方法；你不想做的事情，你就只會找到更多的藉口！」

二〇一九年七月十八日戌時高雄安居

自序

安頓生死的線索

覺廣志

二〇一八年年底，當《來去自如——與生死跳探戈》在馬來西亞由馬來西亞佛光文化出版的時候，我是壓根兒沒有想到這本書會在臺灣出版。但是一如過去的經驗，書本是會有它自己的生命與因緣的。結果這本書就在覺培法師的舉薦和妙蘊法師的支持下，在相隔一年後由香海出版了，書名《貪生不怕死——念念分明來去自如》。

說起來有趣的是，當初馬佛光版的書名，是因師父上人星雲大師慈悲應允給予墨寶做為封面而定的。書名定下後，經反覆思維，我對師父上人所寫的「來去自如」有了更深的體會。原來當我們因為「來」而煩惱的時候，我們就要看到「來」中的

「去」。當我們因為「去」而想不開的時候，就要想到「去」中的「來」。更重要的是來與去都是藉事練心的機會，只要習慣在來去之中以佛法的智慧觀照，如此不管是「來」還是「去」，我們都將能日益自在自如的。這其實也是生死省思的精義。因為我們都不能避免生死，所以我們更應該面對和接受生死的真實，並思維及探究生中之死與死中之生的含義與智慧。

談到生死的探究，自然就會想到我鑽研生死學的歷程。臺灣其實就是孕育我生死學探索與研究的地方。早在一九九〇年九月九日，當我從馬來西亞長途跋涉到三千公里外，坐落於臺北縣林口鄉的僑生大學先修班就讀的時候，我的生死探索之旅就已經揭開序幕了。當時離家千里的體驗，雖算不上是死別，但是生離的煎熬卻是再真實不過的。我對家人的思念，表現在一天可以寫多達五封家書，以及省吃儉用，就為了能打電話聽一聽母親和家人的聲音上。還記得有一天，甚至因為思鄉情切，難忍生離的哀痛，我從宿舍一路跑到學生輔導室，一進門就對著輔導老師痛哭流涕不能自已。現在回顧起來，其實這些生離的苦痛背後都有著畏懼死別的陰影。畢竟，我八歲第一次短期出家，其實就是因為畏於死亡。所以我常說我真的是一個很怕死的人，只是萬萬沒有想到，我對生死的畏懼，居然成了推動我鑽研生死學的最大動力。

一九九一年我考入了高醫大醫學系，在學醫的過程中，生離死別逐漸從我的人生體會，經由大體解剖、病理切片，以及後來在醫院的臨床見習與實習，變成了生活中的常態。雖然在習醫的過程中見到的生死場景多了，但是我的生死疑惑卻是有增無減。除了童年學佛，在大學也因為參與慧燈佛學社而有機會親近南傳、漢傳以及藏傳的大德與教義，所以佛法很自然的就成了我剖析生死的重要指南。就這樣，我帶著縈繞心頭的生死疑惑，再加上種種的因緣，在醫學系畢業之前考上了佛光山南華大學的生死學研究所。醫學系畢業後，我放下了擔任臨床醫師的機會，一頭栽進了生死學的研究與探索。二十年來盡力推廣生命教育與生死覺醒，今天能在澳洲 Griffith 大學的醫學院中推廣生死覺察以及省思性教學，回顧來時路，除了感恩家人、師長及十方善因善緣，更感念在臺灣的生活啟發，尤其是與佛光山的殊勝因緣。

這本書是我在生死學研究所畢業之後，長達二十年來為大眾撰寫的三百餘篇生死相關的文章選輯。除了可以說是我回饋臺灣的禮物，也可以說是我對星雲大師以及佛光山多年來培育的感謝。衷心希望這本書有隻字片語能為面對生死疑惑的人，提供那麼一點安頓生死的線索，更願以此微薄功德回向，祝願人心恆常安詳。

南無本師釋迦牟尼佛

二〇一九年七月十四日於澳洲布里斯本自宅

目次

去中有來

第三章 圈起生命的圓

第四章 情感校準

王以亮／雲與海的交響

生如夏花

「你看也好，不看也好。我就是要開花……」

生命應當把握當下，未竟之事，就從現在開始付諸行動。

第一章

每一口呼吸都甜美

編寫生命的遊記

難得星期假日在布里斯本的皇后大街上閒逛，一看到書局，便很自然的走了進去。在旅遊叢書中，有本書吸引了我的目光——《死前一定要去的一千個旅遊景點》。

看到這樣的書，心裡有點欣慰，現代人對於死亡，已經不再那麼忌諱。話雖如此，卻又不免有點憂心，因為「死亡覺醒」是希望人們珍惜生命，若反倒成為一種商業手段，難免辜負提倡死亡覺醒的原意。不過換個角度，這本書點出了生命的可能性，也提醒我們在忙碌的日常中，是否遺忘了些什麼？

有一首英文歌，歌詞形容主角曾經走遍天涯海角，甚至遍及許多美不勝收的地方，但是最後才驚覺，原來這些年她從未造訪一個真正重要之處，就是自己的內心世界。換言之，她從沒有真正了解自己、明白自己真正所需，完成她所期盼的圓滿生命歷程。

即使這個美麗的世界有千個景點值得一遊，但如果沒有真正了解自己，只是透過參訪多少個國家、吃過多少大餐來肯定生命價值，其實很可惜，因為真正的美，在我們的心中。

一個曾經花上時間、心力了解自己的人，可以看到簡單之中的美麗，無須刻意走遍世界，他會以喜悅、感恩的心隨順生命之流，看到世界的美麗並與美麗的世界交會。或許正是在最簡單平凡的角落，我們才能夠一瞥生命的真善美。

我們的生命遊記是否精采，不在於曾經走遍天下，而是對生命的每一個足跡是否用心體會？在生命的每一段際遇，是否盡力做到包容、接納，卻又忠於自己？在這一趟人間旅程，付出了多少人我關懷？對身邊親友的需要，是否盡力而為？

最近朋友在工作上遇到困難，我打了電話簡單的問候：「有需要的話，就告訴我。」他回答：「謝謝您的關心，現在的人很少會這樣說了。」簡短的一通電話，讓我們倆驚覺，現代人孤立與疏離的生活，讓應當成為日常的關懷，變得近乎陌生。

如果說該如何書寫自己的生命遊記，我認為應該記載我們在人間創造了多少美好的回憶點，點燃了多少愛的光明，驅趕了多少陰鬱的黑暗，這才是決定生命遊記精采度的關鍵。

遺囑的遺囑

最近因為較為繁忙，時常容易疲勞，上星期忽然發現耳朵偶爾出現耳鳴的現象，耳內也有些不尋常的震動聲。我的醫療知識背景告訴我，這是身體在抗議了。由於震動聲斷斷續續，就撥了電話給臺灣的專科醫師同學。

同學正在開會，來不及詳細詢問情況，他有點擔心我是腦部血管病變導致耳疾，由於時間有限，他說下班後再詳細討論。掛上電話後，我的心情也懸在半空，懂得越多想得越快，腦子一直在轉。這時我問了自己一個問題：「一個生死學的研究者，這時會有怎樣的反應？」

我把醫學上的各種可能狀況拋在一邊，認為與其擔心意料之外的事情，不如好好把握這一刻的生死體會，而訴諸行動。於是我坐向桌前，做了一件一直很想做，卻沒有時間做的事——開始草擬遺囑。這份遺囑，是想向身邊的人好好告別，它不僅是一份感恩的遺囑，也是一份訣別的心聲。

其實預立遺囑是生死學裡很重要的習作，我們平日忙著生活，很少會想到在生活中到底擁有多少？一份感恩的遺囑，可以讓我們有機會沉澱下來，逐一感謝生命中，重要的人為我們付出的一切。

還記得第一次寫遺囑習作的時候，哭得好心酸，那時的眼淚並非因為害怕死亡，而是對親人的不捨，更大的部分則是感動。於原來生命之中，環繞著那麼多珍貴的人事物。

寫著寫著，耳朵裡的震動聲不見了，剩下的是內心感恩的脈動，家人的樣子在眼前流轉，朋友的關懷在心中迴盪。透過書寫遺囑，我發現自己並不是更接近死亡，而是更貼近生命，很多我平常以忙碌為理由而忽視的人，原來才是我生命中的珍寶。

在撰寫遺囑的過程，我再度和與我生命緊密相聯的人重新連接起來了，縱然在回顧生死中，難免有遺憾，但至少這份遺囑減輕了這些缺憾，代替我傳達了心中此刻最後的話語。

有些人會擔心，撰寫遺囑會不會讓人更害怕死亡、更放不下生活？其實面對這些恐懼，我們唯一可以做的就是用心珍惜，不輕忽生命的恩賜，努力身心靈平衡的度過每一天。

死亡其實就是在提醒我們如何真正的投入生活，遺囑就是在提醒我們怎樣儘量不讓生命留下遺憾，把握機會與周遭的人分享愛與關懷。

寫罷，我把遺書裱框起來貼在桌前，因為每一次看到它，都會聽到它跟我說：「請你今天就把寫在裡面的『囑咐』活出來吧！不要等待最後一刻，好好把握今天！」我想這應該就是遺囑的「遺囑」吧！

至於我的耳朵，第二天去看醫師，發現原來有顆耳屎黏在耳膜上了，腦血管病變最後成為虛驚一場，但這場虛驚卻讓我更貼近生命。希望每個人不用透過虛驚一場就能直接體會生命的恩賜，在每一個當下去愛、去包容。

開啟「生病」的禮物盒

在馬來西亞郭林氣功莎亞南站的邀請下，我和他們的成員分享座談。郭林氣功是特別針對癌症患者而設計，協助他們康復及養生，有些成員已經成功抗癌達十五年以上。

對談的過程中，一位女性成員提及，她的孩子有一次對她說：「媽媽，我覺得妳得癌症是好事耶！因為妳比以前開心，朋友也比以前多了。」乍聽之下或許哭笑不得，但是仔細思考，在某方面來說，孩子說得也不無道理。

其實這位女士在罹患癌症之後，對生命的看法有了很大的轉變，在參與諸如郭林氣功這樣的團體後，朋友也比以前多了。一位患者如果選擇接受罹病的事實，並在可能的範圍中，繼續為自己的生命提升而努力，的確是不幸中的大幸。

換個角度來說，身為一位生死學者，當看到因為罹患癌症而更熱愛生命的患者，心情是很複雜的，雖然會為他們的態度而喝彩，但是也為大部分依然健康卻不懂得珍惜生命的人感到擔憂。

許多健康的人，活著的時候很少思考應如何把握生命的每分每秒，簡言之，很多人其實是「雖生猶死」，雖然健康的活著，卻沒有好好把握生命，活著的主要目的只是追求名利物質，彷彿生命有無盡的未來可供揮霍。

相較之下，罹癌者充分體會生命的不可預料與生死無常，因而比一般人更能把握生命的際遇及經驗，也更能體會生命的簡單之美。因為體悟生命的「有限」，反而能夠「無限」的擁抱與體會生命所給予的一切。

生死學很重要的一個目標，就是希望喚起大家對死亡的覺醒，如此我們就可以引導「雖生猶死」的人多思考生死問題，並學習如何真正的擁抱生活。

及時與當下

二〇一五年三月黃金海岸大學醫院正式接受了我的教職申請，讓我身兼Griffith大學醫學院醫病溝通課程主任，與黃金海岸大學醫院臨床教師二職，這樣的因緣，讓我有機會再次回到臨床，參與教學並觀察學生與病人的互動。這段時間以來，讓我感觸很深的是「及時」與「當下」。

我對「及時」特別有感觸，因為當病情較重的患者與學生互動的時候，若我詢問他們有什麼話要和學生說，無論老少通常都會表示：「能做醫師很難得，要好好把握，做就對了！」看著他們躺在病床上，我可以理解為什麼他們希望學生要及時行動。

這些重症病患中，不管年紀差別，他們的共通處，就是錯過了生命中的一些事情。年紀大的患者覺得時不我予，年紀輕的患者更讓人心酸，因為他們有許多未竟的夢想，如今都已離他們遠去。身為一位醫學教育工作者，很希望學生在學習治療患者的疾病之外，也能以患者的生命歷程為師，體認生命要及時把握。

至於「當下」這個課題，最近為大學醫院的住院醫師上課，課程內容是如何在工作量極大的臨床工作中找到平衡，關鍵就是如何讓自己「安住在當下」。當下的安住不是一個想法，而是一種體驗。在正念（mindfulness）的教學中，有句話這麼說：「你的身體是當下的，然而你的心現在在哪裡？」

意思是身體在每一個當下都在和環境互動，不管是室內溫度的冷暖、衣服的觸感、椅子舒適與否，如果我們能即時覺察這些感受，那就是讓我們回到當下的關鍵。畢竟我們的心經常思前慮後、追悔過去、擔憂未來且不滿當前；再加上身心相互牽連，心的擔憂影響了身的平衡，這時候要活在當下，就真的不容易了。

話說回來，要突破心不安的困境，在正念的練習中，其中一個方式就是透過身體的觸受，把心安住在當下，但這須有恆心與毅力。舉例來說，我們如果能覺察自己的呼吸，就已經在當下了；問題是這顆心習慣了思前慮後，只要一個不留神，又會錯過了當下，繼續回到循環不止的憂慮。

正因為看到臨床病人的痛苦，也覺察現代人在忙碌中總是忘失自己，因此希望每個人及時把握與活在當下，珍惜與家人相處的珍貴時光，讓當下成為生命的支柱，不被過去牽連、不受未來影響，在當下的這一刻，掌握自己的人生，自惠惠人。

教超人怎麼飛

轉眼新的一年又來了，醫學系一年級的新生展開為期一週的新生訓練。身為教師，認為學生對學系的第一印象非常重要，因此在開學典禮上邀請 Perry Cross 擔任主講嘉賓。

Perry 是一位全身癱瘓的病患，全身唯一還有功能的只剩下頭部，就連呼吸都必須仰賴機器，幸好他還能發聲表達。當 Perry 的輪椅進入會場，全場頓時鴉雀無聲，寂靜的空氣中，只聽見他的呼吸器發出咻——咻——的聲音。

Perry 傳達給學生最重要的訊息，就是如何保持開闊的想法。很不幸的他在十九歲那一年發生意外導致全身癱瘓，醫療人員都預測他命不久矣，但是 Perry 憑著自己的意志及家人親友的支持，至今已度過了二十多個年頭。

一路上，他克服無數不可能的任務，其中一項就是從澳洲搭機到美國，和曾經飾演超人，也是全身癱瘓的知名演員克里斯多福李維（Christopher Reeve）在紐約會面。行前，許多醫療專家都告誡他不可貿然作長途飛行，不過很幸運的，Perry 找到一位願意和他合作的家庭醫師，將所有困難逐步排除，最後終於如願見到超人。

超人和他會面的第一句話，就是問 Perry 如何順利從澳洲飛到美國？Perry 自然知無不言，兩人經此會面後，Perry 就被戲稱為「教超人怎麼飛」的勇者。現場聆聽 Perry 演講時，心裡很感動，不僅對他的生命毅力極為欽佩，也為學生能在邁向成醫之道的第一天，就有機會向 Perry 學習，感到機緣難得。

Perry 的經歷讓我看到生命的脆弱，在演講的結語中他語重心長表示：「健康是最重要的，沒有了健康，一切都枉然。」當這句老生常談的話從一位全身癱瘓二十一年的患者口中說出來，真是如雷貫耳。

其實鑽研生死，無非是希望做到生死兩無憾，Perry 讓我看到一位生命勇士堅毅不撓的鬥志。他全身癱瘓，尚且如此熱愛生命，四處演說並成立基金會，贊助有關脊椎損傷醫療的研究。我們這些「好手好腳」的人，每一天的生活又是怎麼過的？

當然Perry的成就，除了他自身的努力，也加上家人親友及澳洲政府提供的醫療資源，但是個人的意志還是最重要的關鍵。希望藉著他的故事能勉勵每個人，把握自己所擁有，以開闊的視野勇敢走向自己的夢想。當一個全身癱瘓的人還可以「教超人怎麼飛」，我們還有什麼藉口推託生命給我們的考驗？唯有活著的時候盡力，面對死亡才沒有遺憾。

不留遺憾

母親需要回馬來西亞怡保一趟，在母親離開澳洲前，我問了她一句話：「還有什麼要告訴我的嗎？」母親看著我說：「你越來越忙了，記得『今日事，今日畢』。」

我的性情較為散漫，母親會這樣叮嚀，是知子莫若母。

近日也在思考，生死學在提醒人們正視死亡之後，又為人們指向了一個怎樣的死亡？毫無恐懼的死亡？還是毫無痛苦的死亡？我認為生死學的重要意義，是要人們早做準備，在撒手之際「不留遺憾」。

死亡挑戰了人的存在，要克服一般人對「自我」消逝的恐懼並不容易，雖然宗教可以提供很好的方向，但並不是所有人都有宗教信仰，若想毫無恐懼的面對死亡，須依靠個人的精神，甚至覺性或靈性的昇華。對一般人而言，知道生死事大之後，最容易的下手處，就是「不留遺憾」。

沒有遺憾的人，縱然意識到死亡將近，或許心懷恐懼，但是心中無憾，心情自然會舒坦得多。同樣的，心中沒有遺憾的人，對於身體的痛苦，更能視作生命凋零的自然過程，該做的都做了，已無遺憾，就更能豁達的看待身體變化。

如何才能不留遺憾？答案就是：「今日事，今日畢。」今天可以完成的，不要留到明天；今天可以講的話，不要留到明天；今天可以原諒的、道歉的、交代的、把握的、讚美的、歌頌的，全部不要留到明天，因為沒有人能夠保證自己可以看到明天的太陽。

生命雖然難以預料，但是今天可以計畫、推行的事情，也應該今天就開始，哪怕是百年大計，不也是從今日開始？「今日事，今日畢」，沒有隔夜愁、沒有百年怨、沒有長恨歌，只有把握當下的舒坦、及時行善的快樂。

一句簡單的話，若能一心貫徹，自然能將生命的遺憾減少，向不留遺憾的目標前進。生死學是生命和死亡的學問，死亡的存在，提醒我們珍惜擁有、莫留遺憾，而懂得珍惜、不留遺憾的人，才是生命的知音。想成為生命知音的其中一個下手處，正是我母親的叮嚀：「今日事，今日畢。」

數饅頭與吃饅頭

臺灣有句俗諺「數饅頭」，指當兵的人每天計算兵役到期的日子，會有這樣的說法，原因是當兵的早餐每天都有饅頭，所以兵役剩下幾天，就代表剩下多少饅頭。

其實不只當兵的人，我們每天經常都是帶著數饅頭的心情在過的。年幼的迫不及待要快快長大，我至今還記得第一次正式開車的興奮感受，第一次可以投票的心情。成人等待的事情更是繁多，上班的殷殷期盼發薪水，當父母的數著孩子成龍成鳳的日子。步入中老年，人們一樣是數饅頭，等待的事情卻可以天差地別。有些人，還在等待多年的夢想實現；有些人，他們的期待看似平凡，但是對他們而言卻是意義非凡，例如每天健健康康的醒過來，希望今天沒有骨頭痠痛，甚至只是希望吞嚥沒有困難，記得自己最親愛的親人臉龐和名字，還有例如等著退休、等待賞識等。

還記得我在讀大學先修班的時候，我的中文老師譚天瑜女士說過「等待是最美好的」，因為在等待中我們可以織夢、我們可以期盼、我們可以想像。在二十年後的今天，我很幸運的獲得了不少我殷切期盼的事物與際遇。在這些我們極期待的事情發生之前，我也度過不少數饅頭的時光。人生步入四十，我應該從數饅頭的心態轉換成享受吃饅頭的心情。

意思為何？首先分析一下數饅頭的心情，數饅頭是把注意力放在期待發生的事情，要數的饅頭越多，心情自然越高興不起來。只是人生每一個當下都有期待發生的事情，也就是說數饅頭很多時候是人生不可避免的。既然不可避免，與其意興闌珊的數饅頭，不如興致勃勃的吃饅頭！換句話說，不管今天這個當下，我們與夢想的距離有多遙遠，又日子即便困難，我們是不是能盡自己的能力，在可以的範圍中，品嘗今天的滋味，吃出日復一日我們在數的饅頭的香甜。

會有這個感想，是因為在這十多年間，我在許多國家來來去去，結交不少朋友，但來去之間，有時候家鄉的長輩，在我人在澳洲的時候就往生。例如去年我見了一位身罹絕症的長輩，一年後我再回來，他已經不在了。我試圖想像他面對生死的心情，是在數饅頭，還是在吃饅頭？這個問題的答案我永遠不會知道，但是這個問題的啟示卻讓我寫下這篇文章，藉此希望大家在活著的每一天，與其只是殷殷期盼的數饅頭過日子，不如好好品嘗、珍惜手中的饅頭。唯有踏實的活在每一天，我們的生命才會充實！

從接受死亡中認識生命的真實意義。學習把握當下、善觀因緣，以智慧明辨可為與不可為，生命將會更加圓滿。

是日已過，命亦隨減，如少水魚，斯有何樂？
大眾當勤精進，如救頭燃，但念無常，慎勿放逸。

〈普賢菩薩警眾偈〉

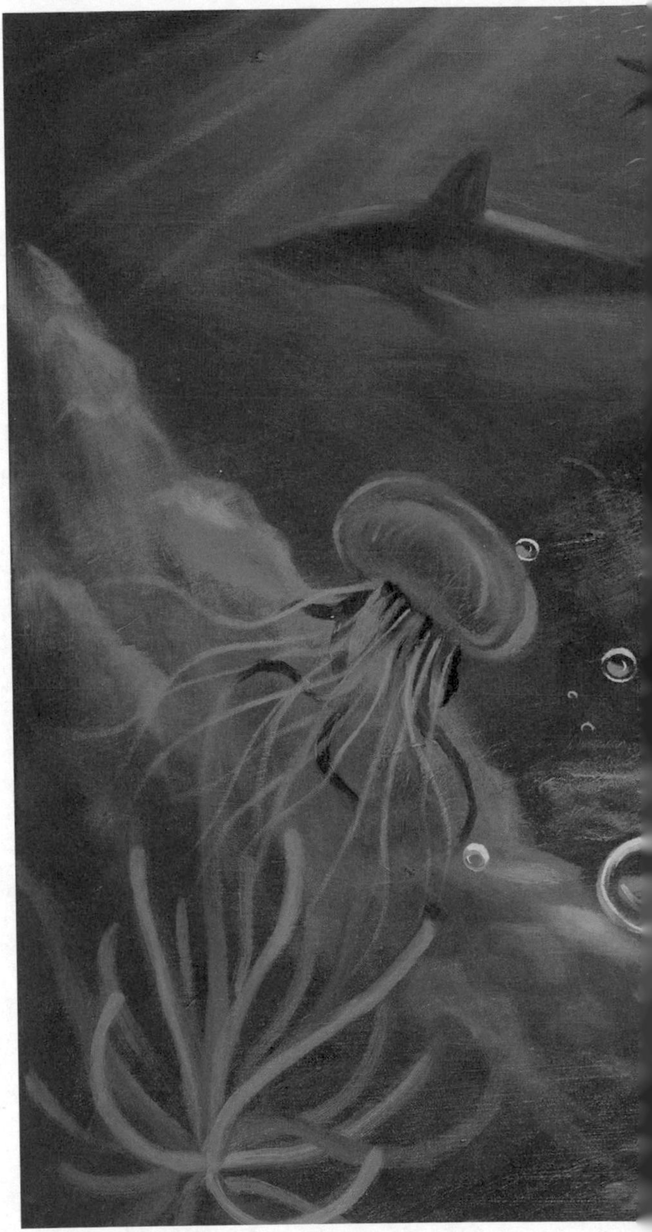

邱振國／勇敢的向前走

友誼萬歲

上個月是澳洲的畢業季節。二〇二二年這一屆醫學系的畢業生，我打從二〇〇九年就看著他們成長，一轉眼，四年的時間過去了！我常說自己真的很榮幸能伴隨著他們，一步一步的從醫學生走向懸壺濟世的醫師。意料之外的，由應屆畢業生組成的畢業晚會籌備會，居然邀請我在晚會上為他們說幾句話。從我過去的經驗，在澳洲像這樣的學生聚會，師長致詞是不常見的，所以對於學生的熱情與肯定，我很感恩。

晚會上，我的獻詞很短，我感謝學生讓我老師的工作如此具有意義，我也與他們共勉「勿忘初心」，希望他們在未來的行醫歲月中，能記得自己當初投入這一行業的初衷，末了，我以一首〈友誼萬歲〉做為結語。讓我最難忘的是，我在唱完〈友誼萬歲〉後，學生們不但回以熱烈的鼓掌，大部分的學生更是站起來繼續鼓掌。當下的場景，是我在澳洲執教五年來，最感動的一刻。對此，我真的只能說感恩十方！

我下了講臺之後，好些學生趨前說，他們聽了〈友誼萬歲〉，想到要和同窗告別，真的感到心有不捨。大家還沒有畢業，就已經在打算什麼時候辦同學會，這讓我回想起自己在一九九八年醫學院的畢業典禮。這些年來，我只和班上幾位同學保持聯繫，在網際網路發達的今天，要保持聯絡可說比以前容易，但要見面，還是很困難。有時候在偶然的因緣下真的見上了面，大家也在為各自的生活忙碌，能真正坐下來談心的機會其實不多。

這些年下來，我的感想是，好的朋友一定要好好珍惜，畢竟「相識滿天下，知心能幾人」。所以再怎麼忙，也要保留時間和好朋友分享心情。至於有些朋友，在光陰流逝下，昔日即使投緣，大家各自成長後，也就不一定能如往日般暢談了。有些只有數面之緣的友人，那就真的是緣聚緣散了。原來人生的相聚真的只有當下，一旦錯過，各人的因緣千差萬別，什麼時候再聚首，真的是無法預料！

友誼如何能沒有遺憾？重要的是我們在相聚的時候，是不是全神投入與對方相處，畢竟每一次的相遇都是唯一的一次；如果在每一次的相遇都有用心，緣散了，我們也會擁有美好的回憶。如果我們相聚的時候是心猿意馬，一旦話別，自然就會留下遺憾了。其實這也就是生死學最重要的訊息之一。活著真的就是把握！唯有把握，我們才能儘量不讓生命的每一刻空過；也唯有把握，在曲終人散之後，留在內心的是滿滿的回憶，而不是許多來不及的遺憾。

八萬人生不花白不花

二〇一二年時曾經邀請一位專門鑽研如何平衡生活的博士為我的學生上課。這位Halima女士也是我醫學院的學生，認識她已有四年多的時間。她在課程中問了學生一個問題：「一天有幾秒？」學生算一算說：「一天有八萬六千四百秒。」她繼續問：「如果你每天醒來，我把八萬六千四百元存在你的戶頭，然後告訴你，這些錢只會在你的戶頭待二十四小時。請問你會怎麼做？」學生異口同聲回答：「快快把它花光！」這看起來是直覺反應，不花白不花！但是反觀我們面對人生的態度，我們有珍惜有限的時間嗎？

雖然說我從事教育也有二十多年的時間了，但是Halima這簡單的理論，也還是讓我覺得震撼。原因是我們常常只是很膚淺的在過日子，總覺得過了今天還有明天，就這樣每天「生命戶頭」中的八萬六千四百秒，就在我們的不知不覺中流逝了。

如果我們真的把時間當成金錢，錢自然要花得物有所值。這時候我們就要問自己：「在我的生命中，什麼才是最重要的？」一次負責病理學教學的同事 Vinod 和我談到他的女兒。他說：「每天下班拖著疲憊的身體回家，只要把八個月大的女兒抱在手中，什麼憂慮和壓力都會頓時煙消雲散。」看著他臉上「有女萬事足」的表情，我不得不承認也受到感染。因此對 Vinod 來說，他每天的八萬六千四百，一定要留一些和女兒「一起花用」，於他才會值回票價！

話說回來，每個人每天的八萬六千四百，應該怎麼花才不算是白花？解答得回歸到自己身上。我們必須捫心自問：「生命的優先順序是什麼？」

老實說，寫這篇文章很心虛。因為回想起來，我的八萬六千四百也常常是亂花的。我想這和長年養成的習慣很有關係，例如：我們都曉得運動對健康有益，但就是懶得動。我們也曉得朋友之間感情須培養維持，但往往還是會疏於經營。生活中我們應該做，但是沒有做的事情，算一算還真是不少。

真要一個簡單的答案，還是得從基本開始。也就是我們能不能從每天的八萬六千四百中拿出一部分？例如：拿一千做我們很想做，但是沒有時間做的事情。一千大約是十五分鐘，在那十五分鐘，我們全心的、誠懇的把它花在該花的地方，哪怕只是打個電話給朋友，或是坐在窗前抬頭看看藍天，那時間只要花得其所，日久必然有功！畢竟一個活著能把時間花得踏實的人，在走向生命盡頭時，心中的遺憾及牽掛，也就相對的少。

在此祝福大家心懷感恩、常帶微笑，把每天的八萬六千四百花得其所。

生活與鮮活

澳洲畢業的季節又到了。相識四年餘的學生終於披上畢業服，成為懸壺濟世的醫師。這對身為教師的我而言，是每年最意義非凡的活動之一。每一年我總是笑容滿面的為上臺的學生鼓掌祝賀。

典禮完畢，學生Tim笑著對我說：「你在臺上的一舉一動我都有留意喔，我們一百五十多個畢業生上臺，你替每一個人都鼓掌耶，真的很謝謝你喔！」面對Tim這突如其來的表述，我當下的反應是這是理所當然的啊！畢竟每一位都是我的學生，看到他們有所成就，我怎能不替他們高興？

之後，我再再反思這一段對話。想到我之所以會在典禮中不間斷的為每一位學生鼓掌，另外的原因是，我不曉得在他們畢業之後，還有沒有機會再與他們相聚。畢竟教學這些年來，我送走了不少學生，畢業後能再見面的機會真的不多，所以我會格外珍惜。

思緒縈繞到這裡，提醒了我們每一次與他人的相會，都是值得格外珍惜的。不管我們願不願意面對，我們在這世界的時光是「賣少見少」。每一天過了就沒有了，所以即便是每天都會見面的人，我們也不該因為習以為常，而疏忽怠慢了彼此的交流。

想到這裡，會令人容易感到傷感，其實這是很自然的。雖然我們都知道天長地久不可能，但是真的面對生命有限的現實時，又如何能不感慨？問題是，我們應當如何與這樣的生命真實相處？

說得容易做得難。要減少對生命有限的感慨，我們必須努力每天毫無包袱的面對生活。也就是以新鮮的心情，面對每一天的人事物。既然每一次的相聚都可能是最後一次，我們當然除了珍惜還是珍惜！

話說回來，因為深知和學生相聚的因緣有限，我真心珍惜和他們的短暫相會。如果我們都能以類似的心情面對生活，慢慢的就會體會到每一次相遇的特別之處。因為即使日復一日，看似同樣的工作和人事物，如果觀察深入，其實沒有一天是一樣的。要真的做到，最重要的是保持身心的平衡，如果我們過勞，則容易不耐煩，如此就可能錯失與人真心相遇的機會。所以，要有均衡的身心靈，如此才能以最新鮮的心面對每一天！

要做到身心靈的保鮮，首先休息要充足，再來鬱積的情緒要能化解，此外身體要保持基本的運動量，最後在心靈上要尋思建構一套符合自己的生活哲理。

可惜這些簡單的要點，要在現代忙碌的生活中實踐，往往是不可能的任務。這時候，我們必須問自己一個問題：「我們生命的優先順序是否出問題了？」

值此新舊年交替之際，希望大家能花一些時間思考、計劃，為自己的生活「保鮮」，讓自己能真正珍惜生命的每一段相遇！

話別

好朋友 Ben 和太太 Michele 新婚後要離開澳洲到歐洲探險，他們辭了工作、出租房子，因為還沒有孩子，所以東西打包好後，夫妻倆決定到歐洲三年。為了和大家辭行，他們選擇在離開的前一晚，舉行「話別慶祝會」。慶祝會上，他們倆跟我說需要我的幫忙，我不假思索的回答「沒問題」。

原來小倆口希望我能當他們遺囑的見證人。講了這麼多年的生死學，在工作坊中鼓勵學員寫遺囑的次數可說是不勝枚舉，但是當法定的「遺囑見證人」還真的是第一次。在知道 Ben 和 Michele 能不避諱的安排自己的遺囑，我自然很高興。當我把自己的名字簽下的那一刻，我再次感受到，當我們都能接受死亡並願意與死亡共處的時候，我們對生死所感受的壓力，是可以被減緩的。

在慶祝會上，我也看到不同的人面對「話別」的方式。有些人只關注在正面的話題，有些人顧左右而言他，很明顯的對一些人來說，話別還是太沉重了。這不禁讓我想到我自己這些年種種話別的場景。生活在馬來西亞，我有不少的家人都在海外，不管是移民或是求學，「話別」可說是生命不可分割的一部分。就自己而言，我第一次深入的話別，是一九九〇年到臺灣念書時，當時的心情喜憂參半，出國深造固然可喜，離鄉背井自然也是感傷。當時到怡保機場和我話別的人有三十人之譜，因為自己的生命歷練，沒有辦法更深入的與大家辭行。我更萬萬沒有想到，好些前來送行的長者，在我深造的過程中，會一一離我而去。十年在臺灣的大學生涯，每年的來來去去，自然讓我對於話別越來越不陌生了。但是我印象深刻的話別，應該是我在二〇〇四年決定到澳洲念博士班的時候。當晚我在家中的偏廳，坐在父親的藤椅旁，看著白髮斑斑的父親，語重心長的與父親話別。原因是我知道父親當時已經快七十歲了，他已經不比我當年留學臺灣時年輕。在話別的過程中，我的眼淚流了下來，除了告訴父親要珍重，我真的無話可說。當時的我已經完成了在澳洲的輔導訓練，再加上我對生死學的理解，我明白到恰當的話別其重要性。轉眼十多年過去了，父母已經雙雙老邁，父親的老化尤其明顯，現在父親已經無法跟我們深度交談了。回想當年的話別，很慶幸自己在爸爸還能充分理解我的時候，表達了自己的想法，重要的話，真的要及時說！

希望大家珍惜話別，不要避諱話別，每個人生死有命，不會因為我們談論生死，而有任何的變動。談論生死唯一的影響，就是會讓我們把握機會，把自己的心聲傳達給對方。當然，我們每個人面對哀傷離別的反應都是不同的；如果你不忍面對面訣別，也可以把話別寫成文字傳達。更重要的，我們不應該在遠行的時候才正視話別，應該在生命每一次的相聚與離別當下，把握機緣。如此才能讓對方感受到我們的誠意與溫暖。

準備生命中最應該準備的事情

到自殺防治研究所拜訪舊同事，走入會議室，看到桌子中央有一枝點燃的蠟燭，昏黃的燭光，營造了一股肅穆的氣氛。我向研究所的秘書探詢，才知道我的前任指導教授 Diego 博士的兩個兒子，在義大利發生致命車禍。一夜之間失去了生命中最珍貴的兩位親人，讓 Diego 博士哀傷不已，研究所的同事心情也隨之很鬱悶。

飛來噩耗總是令人措手不及，博士及家人的悲慟更是讓人感同身受，我趕忙到書局挑了一張慰問卡，期望薄薄的一紙問候，至少能提供一絲關懷，不敢奢望能減輕對方的哀傷，只是想傳達對哀傷者此刻的艱困及悲慟的同理。

「準備」是如此耳熟能詳的一句話，我們總是為很多事情做準備，有時候事情也在我們的掌握之中，但是一旦發生意外，往往讓我們無所適從。

參與安寧照顧、生死學、悲傷輔導以及生死教育的研究推廣工作二十多年了，許多長輩不解的問我什麼是悲傷輔導？世間有那麼多悲傷嗎？為什麼總是討論死亡的議題？

過去還會為這樣的說法介意，但現在的想法已有轉變——正因為一般人還是有這樣的想法，所以我更要努力推廣悲傷輔導、死亡覺醒，希望做到生死兩相安，在生死之間不過度執著於生、不迷惑畏懼於死。

簡單的說，我們經常在為人生做準備，早年的教育是為知識做準備，職業技術教育則是為工作做準備，每個人都忙著為種種可能會發生的事情做準備，卻忽略了「死亡」才是生命中絕對會發生的事情。因此，我們甚少為死亡做準備，或說現代人很少願意談論與生死相關的話題。

為生命做準備非常重要，生死學最後的目標其實是「回歸當下」的生命，而不是過於執取虛無縹緲的死後世界。畏懼死亡的生活，那不單是一種不真實的生活，也是一種沒有活到生命應有深度的生活。罹患絕症的患者，因為時間有限而覺得分分秒秒都格外珍貴，抱著這樣的態度，他們很可能每呼吸一口空氣，都可以感受到空氣的甜美，連清晨清脆的鳥鳴，都認為宛若天籟，因為在體認生命有限的同時，生命原有的活潑美麗就變得更為真實了。這不是道理，而是事實，只是這其中的體會，真的是如人飲水，冷暖自知。

說到這裡，該如何準備生命中最應該準備的事情？在日常生活中，每個當下都要儘量把握，在人我之間儘量表達關懷，有能力的時候，考量自己身後的安排規劃，認真面對以及學習規劃生命中最應該準備的事情，對人、對己都會有幫助。

不久前，為大學校區開公車的司機 Tony 因心臟病猝逝，聞訊的當下自然感傷，不過進一步尋思，Tony 向來為人嚴肅，我總是會尋找機會跟他寒暄幾句，他也幾次有所回應，萍水相逢若我倆，也算是生死兩無憾，而這一份無憾，正來自於思考死亡的生命體悟。

透過生死思維，我們會發現原來我們的幽深恐懼之中，蘊含了寧靜祥和的玄機；

原來當我們可以接受死亡事實，才是生命真實美好的開始。因為生命有限，更要格外珍惜；因為你我有緣，彼此更應把握。

天妒英才

一次甫抵臺灣，即得知一位年輕的律師朋友因想念去世的父親而燒炭輕生。回家途中，經過中學朋友經營的水果店，才知道認識十多年的中學學長秦潤添在兩個星期前，剛打完羽毛球回家就一命嗚呼了。

碰到這些事件，讓我想起一位醫學系的同學，也是在下班後一臥不起。另一位朋友則是多年前在洪水中不幸溺斃。回到闊別多年的母校，也有兩位壯年的老師先後離世。在離開臺灣之前，在報紙上又看到一名或有一面之緣的年輕攝影記者，也是壯年早逝。

由於當時自己在香港、臺灣之間忙碌奔波，並沒有時間坐下來思考和整理這些訊息，及至回到怡保，才恍然覺察，原來死神全年無休，一名又一名的青壯年朋友就這樣靜靜的離我們而去。從自殺到急性心血管疾病，從意外到猛爆性肝炎，這些朋友或有一面之緣，或是交情匪淺，印象中他們都是活力充沛、正值盛年，但猝然離世的意外，真叫人無語問蒼天。

從生死學的角度看，讓人體悟到生死無常，不分年齡；在生死教育的角度，我們總是勉勵人們珍惜生命、把握當下；就世俗常理，我們慨嘆天妒英才；從友情交往的面向，我們深感不捨；從健康保健的角度，我們尋思健康正常的人為何會驟然離世？忽然之間，想法紛紛出籠，但答案是什麼？

從生理保健而言，我們必須了解中道平衡生活的重要性，工作、運動、休閒以及靜默，都必須處在均衡的狀態，即使失衡了，仍須清楚明白的觀照，在能力範圍內繼續追求平衡。

從社會衝擊面而言，這些事件也考驗著社會的福利及輔導支持系統、考驗社會文化如何應對早逝的衝擊、考驗著家族親友之間相互支持的能力，也凸顯出社會對於有憂鬱傾向者，是否缺乏全盤照顧與追蹤的能力？對於有自殺傾向者是否具有警覺、應對及轉介的能力？

面對突如其來的意外，我們必然會痛心難過、不知所措，甚至覺得生活頓失依附、日月無光，面對和接受種種哀傷的過程必然漫長。但必須了解，追憶亡者最好的方法，就是將亡者的精神努力活出來，將溫暖持續擴散。

對於身邊壯年早逝的朋友，我只能致上最深的祝福，感謝他們在生命的旅途中，曾經為周遭的人帶來光明、關愛和歡樂，更感謝他們以死生無常的示現，讓我們體悟到生命的危脆，讓我們了解社會文化、福利制度及心理衛生體系要補強的部分，也教導我們更懂得珍惜擁有的每一天，學習將愛和關懷分享給周遭的人。

講與不講之間

當癌症被診斷出來，患者家屬通常會想：「講還是不講？」有些家屬擔心患者會因此意志消沉？會不會也產生讓家屬難以面對的情緒？是否會失去希望抑鬱而終？甚至失去存活的動力而選擇自殺？

講與不講之間，我們都必須了解，這和個人成長背景及生命態度，都有絕對的關聯。有的人希望被告知，因為他可以運用自己的所剩的時間，做出醫療決定、完成心願、交代後事，坦然面對生命的終點；有的人卻不希望知道，因為死亡的威脅太大，當壞消息來到面前，卻尚未做好面對病情的心理準備，可能因為心理壓力過大，產生自我傷害的行為及想法。

這也是我一向倡導生死教育的緣故，人們能越早了解和面對死亡的真實，越能明白如何與自己的恐懼及害怕相處。能夠對生死坦然的人，自然能接受生命的變化流轉，家屬也就無須擔心告知病情後的反應。

為什麼我們必須考量該不該告訴患者真實的病情？歸根究柢，每個人的自主性都必須被尊重，我們有選擇自己生活方式的權利，當然也有知道自己病症的權利。

臺灣安寧照顧運動先導趙可式博士曾舉例，有位罹患癌症末期的年輕人，在獲悉家人長期隱瞞病情後憤怒異常，譴責家人為什麼不早點說？如果他知道病情是如此，就會好好運用剩下的時間，「但現在什麼都不能做了」！這是相當震撼人的控訴，也是患者必須受到尊重的原因。

但是，告知的前提是整個過程必須在沒有傷害的情形下進行，也就是要先確定病患在獲知病情後，不會做出自我傷害的行為。在病情告知的過程中，必須考量的是，病患在被告知後，是否能獲得足夠的身心支持與協助。

我們都有可能身為告知者，須注意以下事項：

1.告知者與病患具有某種程度的信任關係。

2.告知者的語詞必須委婉，掌握恰當的告知時間。

3.告知者知道如何處理或是有相關資源，能夠協助處理病患可能因被告知而產生的情緒。

4.最重要的，告知者須向病患保證不會遺棄對方。

在生命的過程中，我們都有機會扮演告知者和被告知者的角色，但真正重要的是我們對生命所抱持的態度。當我們是告知者，須為他人付出的時候，能不能在照顧患者的同時，也照顧自己，達到身心的平衡？

如果我們在照顧他人的過程中，能面對及接受自己的種種情緒起伏，一旦當自己的角色轉換成被告知者，必須接受別人關懷的時候，心情應該會更坦然自在，因為這就是生命自然的過程，畢竟我們也要提供機會讓他人學習如何付出。一旦具備這樣的態度，病情告知雖然還是不容易，但困難度必然會有所減輕的。

人容易陷入生命是堅固真實的錯覺。接受生命危脆不是懦弱，預作準備不是過度擔憂，有備無患才能讓我們更從容的面對生死無常。

世間無常，國土危脆；四大苦空，五陰無我；
生滅變異，虛偽無主；心是惡源，行為罪藪。
如是觀察，漸離生死。

《八大人覺經》

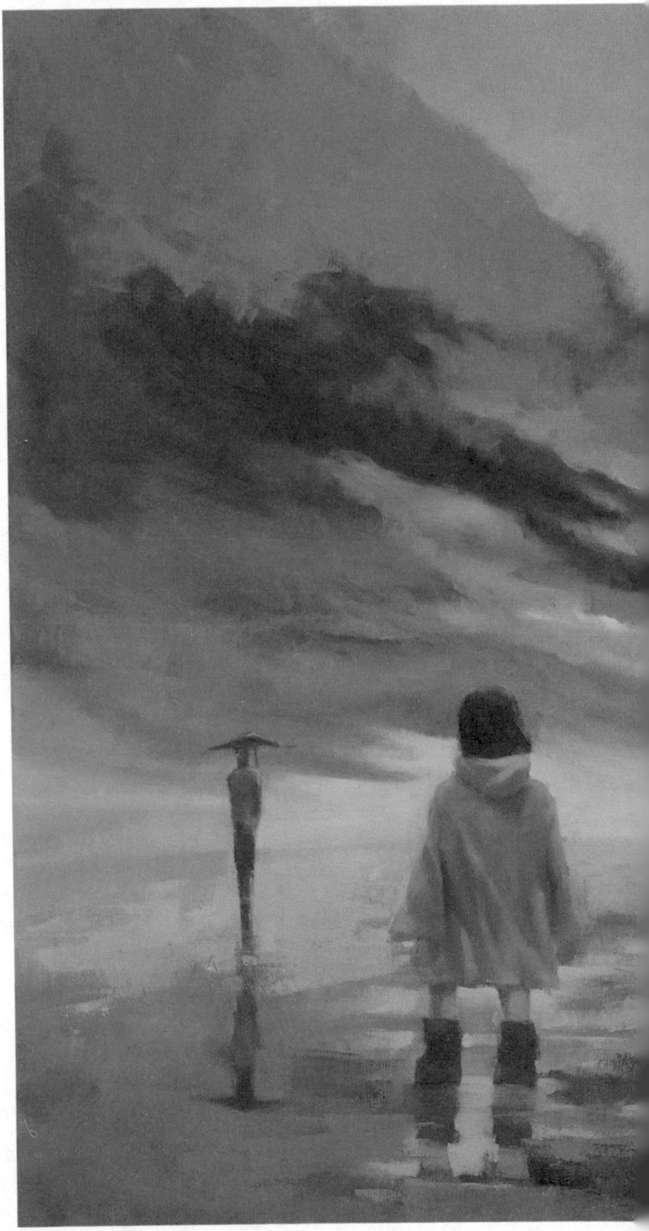

歐陽東牧／雷雨中也請抬頭

六月施

我常說「教學相長」，有些人會覺得那只是恭維之語，但身為老師，深深覺得那句話再真實不過！醫學院今年有一位學生Dinesh復學，他於二〇〇八年進入醫學系，同一年我也正式在醫學院擔任教職，雖然同在醫學院，和他卻並不相熟。

二〇一〇年，Dinesh發生一場嚴重的車禍，導致半身不遂，必須仰賴輪椅活動，車禍也對他的雙手造成傷害，最後只保留手部的部分功能。車禍後，Dinesh申請休學，回到斯里蘭卡靜養。

二〇一四年，院內身心科學教授Harry McConnell力薦Dinesh復學，大學內部經過多次討論，終於決定接受他重新入學，且各個部分盡力配合，讓他的學習過程無障礙。因此，從簡單的殘障行動路線到自動門、調整型座椅及電動輪椅等，只要能做到，校方都盡力配合。

透過我的建議，醫學系學生會也舉辦演出及活動，協助 Dinesh 購置所需要的輔助器材，就這樣，我和 Dinesh 開始熟絡了起來。每次看到他坐著輪椅進出大學，心裡都深受感動。畢竟一位半身不遂的人，要嘗試完成醫學教育，真的是非常艱鉅的任務。

因為彼此之間的合作，Dinesh 偶爾會到我的辦公室來談一些事情。我的辦公室是醫學院出了名的「琳瑯滿目」，因為擺飾了滿滿遊歷各國的紀念品。此外我也是書蟲，所以東西特別多。每次他來到我的辦公室，都很喜歡凝視各種收藏品，有一次還特地送了一尊斯里蘭卡的彩象瓷器供我收藏。

某日會談之餘，Dinesh 若有所思的看著我書架上的擺飾，我自嘲辦公室凌亂不堪，他聽後對我說，他有個習慣，就是只要六個月內用不著的東西，就會送人，我聽後感觸很深。一個經歷過生死的人，果然和研究生死的人有所差別。

我常說活著就要學會放下，但是我的整間辦公室都是書本和擺飾；而我的學生

Dinesh才是簡單生活的實踐者，由於力行「六月施」，可說是身無長物。如果偶爾有時間，我們不妨思考一下，生活到底需要多少、應該保留多少、又可以給予多少？如果能在生活中思考實踐，其實就是非常好的生死修練了。

Dinesh於二〇一六年底完成學業，並且成為昆士蘭省有史以來第一位癱瘓的註冊醫師，目前於黃金海岸大學教學醫院行醫。Dinesh的故事以及他的生活哲學，讓我發現其實很多人還是很堅持在面對生命無盡的考驗。希望每個人能從中思考，生命中能捨的是什麼？如此或許就能讓我們的生命更加開闊。

突破慣性 擁抱生活

因接獲高雄醫學大學的邀請，決定回臺灣參與研討會發表和主持工作坊，原本欣喜可以和老朋友見面敘舊，孰料在啟程的那一天，竟傳來大學同學李斯興醫師在高速公路車禍身亡的消息。

抵達臺灣後，限於開會的行程，只能在喪禮當天的早上參加入殮儀式。在入殮過程中，大家神情哀戚，感嘆同學英年早逝，令人惋惜。

目送靈車徐徐駛離後，我也展開當天忙碌的行程，但是在之後的幾天，還是不時想到這不幸的事故，心情也隨之鬱悶不樂。回想最後一次見到他，是二〇一三年在臺灣的同學會，當時大家相見歡，談話內容早已不復記憶，只記得盡是相聚的歡喜，不料三年後再見竟成了永別。

當「無常」從書本上的理論成為生活中的真實，我總是感慨身而為人，怎能因為慣性的宰制而造成人生的遺憾？也就是說，人生無常大家都知曉的道理，但是人活在世上由於成長與教育的關係，養成了許多慣性，這些慣性讓我們以為生命是可以被操控的，以為今天的太陽明天依然會普照在我們的臉上，更以為身邊的人都是屹立不倒的千年樹。

細究之下，我們都知道生死有命，也知道「樹欲靜而風不止，子欲養而親不待」，但是這些認知是在我們停下來思維時才會浮現，只要生活一忙碌，慣性又會當家作主。在慣性中，我們遺忘了生命的危脆；在慣性中，我們忘記了把握時間與家人、朋友好好相處；在慣性中，我們不能自拔的陷入了以為時光是用之不盡的錯覺。

唯有在遇到生命現實無常的挑戰時，我們才會從慣性中驚醒，但是這夢醒的時間有多長，還得看自己有多少超越慣性的能耐。同學的車禍意外，提醒了我生命的無常，在他的入殮儀式上，一群老同學見了面，心中格外感到親切與珍惜。

十多年來之所以推動生死覺醒，就是希望所有人能覺察生活中的慣性，時時刻刻把握珍惜，一旦無常來臨，就不會有那麼多未竟的遺憾了。

準備「無法準備」的生死

近年來，我和 Griffith 大學醫學院同事開始「死亡準備度」的課程，主要是讓即將畢業的醫學生學習如何面對臨床患者的生死，課程中並運用角色扮演，讓學生飾演死者和家屬，演練未來將面臨的狀況：

1. 如何面對患者的生死。
2. 如何決定何時取消執行心肺復甦。
3. 如何協助及支持家屬面對生離死別。
4. 如何在患者「死去」後向家屬解釋與說明。

部分學生覺得這樣的演練，讓他們有機會反思自己的「生死準備度」；不過同事卻有不同的看法，他認為生死其實是一件「無法準備」的事。對於這樣的說法，我可以理解雙方的立場，因為無論再怎樣思考和演練，課堂中的生死都不是真實的，所以學生的反思和感想也有不真實的成分。

雖然演練的死亡情景不是真的，但是如果完全沒有準備，在死神降臨的當下，又該如何從容應對？對於「生死準備度」課程有強烈感受的學生，都異口同聲表示，死亡演練讓他們更認真思考，當在工作上遇到病患死亡時，該怎麼辦？

在他們的反思中，發現很重要的一點，要把死亡視為現代醫療的一部分。他們認為，醫者不應該把病患的「自然死亡」當成是醫療上的失敗，醫療若過度介入死亡的自然過程，反而是延遲死亡及延長痛苦。

當我們把醫學教育的發現運用在日常生活中，必須思考自己對於死亡到底抱持什麼態度？最近和一位長時間臥病的患者家屬交談，身為生死學者，很自然就把話題帶到患者可能死亡的事實上。出乎意料的，眼前的家屬對於年邁母親可能不久於人世的事實可以接納，也代表這位家屬對死亡已有所準備。

對死亡有所準備，並不是要求家屬可以承受悲傷痛苦，而是希望能免於不必要的困擾，包括避免延長死亡的過程和增加痛苦、避免家屬對於死者身後財務處理的困境、避免瀕死者有太多未了的心願，也避免生還者有太多未解的心結。

在坦然面對生死的當下，我們應該學習包容和珍惜眼前的一切，並勇於認錯，盡力彌補任何的生死遺憾。或許我們沒有辦法完全為生死做萬全的準備，但是只要在能力範圍裡，希望每個人都能在每一天的生活多一點愛、多一點珍惜，讓今天比昨天更沒有遺憾，讓明天比今天更輕安自在。

虛幻與真實

有人曾經問我，對年輕人教導「死亡教育」會不會太虛幻？這讓我想起一則西藏故事。

一名年輕人在歲末這天非常的高興，因為老板送了一大包乾糧給他，他回家後將乾糧掛在梁柱上，自己躺在乾糧下面，盤算著要如何好好運用這一大包食物。

他規劃要用乾糧換幾隻母雞，等到母雞下蛋賺更多的錢，就可以買一頭母牛；母牛的牛奶可以再賣錢，也會生小牛，等到累積更多財富，就可以買下一座牧場、娶一個美麗的太太、生一對胖娃娃，一想到人生美麗的遠景，年輕人就非常的高興，甚至開始思量娃娃該取什麼名字。此時看到窗外的星星和月亮，年輕人想，就叫星光和月輝好了。

這時候，梁柱上掛著乾糧的繩子正被兩隻一黑一白的大老鼠啃蝕，年輕人完全不知情，就在他繼續編織著美好的夢時，繩子被啃斷了，沉重的乾糧毫不留情的砸下來，當場把年輕人壓死了。

什麼是虛幻？什麼是真實？看似遙遠的死亡或許虛幻，但確實是人生最必然的事情，這麼重要的事情，難道無須準備？正因為知道生命有生有死，才會小心運用有限的光陰；正因為知道生命有聚有散，才會把握相聚的光陰；正因為知道無常不可預測，才會做好生涯的規劃安排。

死亡並不會因為我們討論它而改變時間表，反倒是當我們能夠面對它時，才能改變自己的時間表。

一位剛滿二十一歲的學生，生日前將我交代的功課「生前遺囑」拿給家人看，他東西不多，只有幾樣，但是每位家庭成員都會分到一樣東西。看到孩子接受死亡做為生命的真實，學習把握當下表達心中的愛意，親人的反應不是恐懼、忌諱、不安，而是媽媽的一句讚美：「你真讓我感到窩心！」

一個星期後，年輕人舉辦了一場盛大的生日會，收到好多禮物，母親看到居然還不忘打趣：「孩子！你的東西多了，現在遺囑要重寫了。」這樣的畫面是真實還是虛幻？我認為這正是「如實觀照」，能觀照事情的真實面目，就會知道自己在生命的定位；能了解生死一體的真實，就能踏實生活。一般人往往在死亡的話題上累積太多哀傷和愧疚，以為只要避不見面就兩不相欠，殊不知只有面對才是真正的解決之道。

在這則西藏的故事中，年輕人的夢想固然值得讚許，但如果他對真實有多一點觀照，應該會看到頭上那兩隻象徵黑白無常的大老鼠，也會迴避即將下墜的乾糧而保住性命。反觀現實，好些人總是高談建設發展，但是生活不離菸酒，日夜作息不調，在殘害身體健康的同時，還希望從此過著幸福快樂的日子。到底什麼是真實、什麼是虛幻？這是大家需要深思的問題。

面對生命的抉擇

我常說自己有時候可以說是世界上最幸福的人之一，原因是在醫學院執教鞭。雖然還是難免一般工作的煩惱及壓力，但是每次和這些聰明絕頂的學生相處，總是讓我獲益良多！身為導師，很多時候學生確實相當需要我們的引導。這些年來，偶爾會碰到一些對生涯前景感到困惑的學生。他們對自己的未來不確定，大家都覺得醫師是金飯碗，但他們卻覺得若有所失。在和這些學生相處的過程，我總會想到自己的心路歷程。我也曾經覺得困惑，所以在醫學系畢業之後，我沒有進入臨床習醫，反之一頭栽入了「生死學」領域，從悲傷輔導走到生命教育，而今從事醫療溝通教學及身心靈輔導開發，這些都是我始料未及的！

因此，當這些困惑的學生和我面談時，我總是和他們說，生命是充滿抉擇的，很多決定，當我們在抉擇的時候，只能詢問自己是否已經盡了一切的能力來諮詢和思索，如果能捫心自知已經很周詳的思前慮後了，就只能再下決心做出抉擇，決定之後，就繼續向前走出自己的人生道路。

一九九八年我從醫學系畢業，這些年來，我在工作及生涯規劃方面常被問到的問題是：「你沒有當醫師不覺得可惜嗎？」經過這麼長的時間，我對這樣的問題的想法是，我們沒有辦法臆測那些我們沒有選取的選項的可能發展和結局。我們能把握的是好好經營已經做出的抉擇。或許有人會問，如果抉擇的結果失敗了呢？我的看法是，如果在過程中有盡心盡力，縱然失敗，還是學習良多，畢竟成功與失敗很難界定，有句話說「失敗為成功之母」，所以即使經歷無數的失敗，只要繼續堅持，總會有一個好的成果。這個成果或許並不是當初夢想的「成功」，但是只要是踏實經營出來的成果，能問心無愧，那就是很大的安慰了。

把這想法應用在生死大事上，比如我們應該要如何建立自己的生死觀？這是一個不斷在演化的問題，我們必須思索自己希望依循怎樣的宗教或人生哲學理念來面對生死。我們的生死觀一旦確立，就會影響我們的生活態度。不管從世俗的眼光中我們是人生勝利組還是失敗組，只要我們活得清楚我們就可以從容的面對自己生命的抉擇，持續的學習與成長。

尋找生命的安住

澳洲午夜消息傳來，馬來西亞首相證實，馬來西亞航空於二〇一四年三月八日發生意外的三七〇班機，乘客及機組員無人生還。過去這十餘天，人在千里外看到國內外馬航事件的諸多消息與評論，心裡五味雜陳。這起事件，對我個人最大的啟示是「生命危脆」。原來我們許多的安全感，其實一點都不牢靠。平日我們隨口說「天有不測風雲」，真的發生事情時，才驚覺自己對生命的不測，真的是「準備不足，恐慌有餘」。其實生死教育的最大目標就是希望能在「有限」的範圍中，準備每一個人面對生命的「不測」。

發生如此不幸的事件，很多人心情的失落是難以言喻的。還記得事件之初，我幾乎每天都帶著有點鬱悶的心情在辦公，因為同事大都是澳洲人，所以我同少數的大馬人只好互訴苦衷取暖。

有一天，一位澳洲同事Ruth興致勃勃的跑過來問：「我可以拍一張你辦公室的照片嗎？」我愣了一下，真的搞不清楚她為何會有此一問。Ruth看到我困惑的表情，笑嘻嘻的說：「我是為了一個活動來拍你的辦公室。」我真的是越聽越迷糊了。Ruth再進一步解釋，原來她參加了一個「快樂一百天」的活動，她每天的任務就是要拍攝一樣讓她心情愉快的人事物，並說明原因。所以這幾個星期以來，她已經蒐集了不少的美好。換言之，我的辦公室在當天，就是她的Reason to be happy（快樂的原因）。在我的應允之下，她滿心歡喜的拍了數張我的辦公室照片。我想Ruth所以會喜歡我的辦公室，是因為我的辦公室不但擺飾了許多我從各國旅行帶回來的紀念品，同時也有很多我獲贈的禮物，也就是我的辦公室不但極具個人特色，同時也非常光鮮有趣，難怪她看到都會心情愉快。

Ruth當天的短暫到訪，讓因三七〇班機事件心情鬱悶的我，忽然感悟到在生命面對諸多不測的時候，尋找生命「安住」的重要性。尋找生命的安住，並不是在逃避生命的不測；尋找生命的安住，是希望在面對生命的不測當兒，我們還能回到自己的心中，找到安住生命的避風港。避風港可以是一抹微笑、一句叮嚀、一個回憶。這安住能讓我們在面對諸多考驗的當下，有那麼一點的依傍，而這是必須在平日的生活中培養的。就如 Ruth 的快樂一百天計畫，我們如果平常能多從生活中感受快樂與感恩，我們的挫折免疫力就會提升。久而久之，我們就更能從容的面對生命的考驗。在馬來西亞國內人心極其哀慟的時刻，我更深深期望每個人有足夠的支持，面對生命的不測，也都能在自己的內心找到生命的安住。

面對人生的不確定性

從網路上看到一則訊息，才十七歲的資優生湯昱，疑似大馬教育文憑考試不順利而輕生。心裡覺得相當惋惜。由於人在海外資訊有限，我無意對湯昱的生死做太深入的討論，人所以會輕生，有時候原因真的很複雜。我們在這個時候要做的是，讓他的家人有時間與空間面對他們的哀傷。

湯昱的死讓我聯想到，教育學生面對人生的「不確定性」是很重要的。在Griffith大學醫學院的新生入學訓練，我們強調好幾樣事情。其中包括引導新生思考醫學的局限，讓他們從第一天就學習辨識怎樣的醫療是真正的救命，怎樣的醫療又可能只是延長痛苦。對病入膏肓的患者施予積極治療不單是延長痛苦，其實是變相的折磨。此外更重要是在新生訓練中，我們也引導新生思考如何面對人生的「不確定性」（uncertainty）。

之所以會向學生強調生命的不確定性，是因為他們都是聰明絕頂的資優生。對於一些資優生而言，他們的人生路可以說向來是心想事成的。他們的經驗告訴他們，只要設定目標、埋頭苦幹，勝利幾乎總是手到擒來。加上他們周遭的人常對他們的成就讚譽有加，年輕的心靈往往會把一時的成就當成生命的全部。一旦他們所關注的事情成果不如預期，這些資優孩子失望的心情也就可想而知了。

會這麼說，其實和我的成長也是有關聯的。我從小是學校的演說常勝軍，印象中我在校內是甚少演講不得冠軍的。中學時代就讀馬來西亞華文獨立中學，在校期間參加了四屆的全國三種語言演講比賽，前三屆我都入圍全國前十名，在第四次參賽的時候，根據內幕消息，因為一位裁判的偏見，讓我掉到第十一名。這打擊讓我的心情奇差無比，當時比賽結束後就是全班的旅行，旅途中，大家都不敢和我談落敗的事情。而今回首，我還記得一開始的心情是如何的孤單與憤怒。如前述，我因為講臺的掌聲，把自己身為學校代表的角色視為定義自己生命的一切，落敗後自然也就覺得自己一無是處了。所幸因為班遊，人在新加坡新鮮事情多，鑽牛角尖的機會也就變少了。這一次的經歷在當時雖然很煎熬，但是也讓我在嘗敗績之餘，開始認識到勝敗乃兵家常事的含義。現在回想起來，那是我對生命的不確定性很重要的一堂課。

話說回來，在醫學院探索生命的不確定性，除了可以幫助學生面對生死的變化，也可以幫助學生了解自己能力的極限。如此才不會以為自己可以掌握一切而自滿，並危害到患者的健康。

其實生死教育也是討論生命不確定性的一個很好的媒介。透過生死課題的探索，就可以認識到生命的變化。藉此希望父母對孩子的成就固然應讚賞，但是對孩子的失敗也應該更用心的鼓勵。把握生活中所經歷的人事物，隨時和孩子談論生命的不確定性。

第二章

生命本自優雅

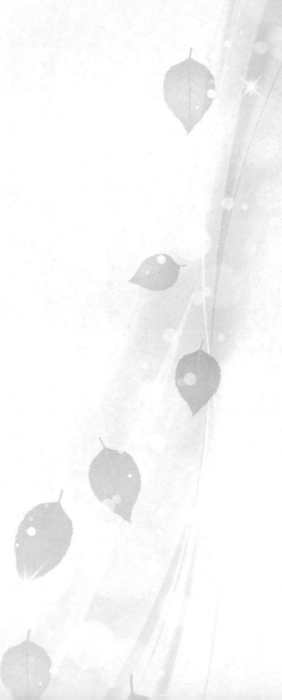

所為何事？

我經常引導學生思考一個課題：「你為什麼要當醫師？」學生要當醫師的理由各個不同，有的希望助人，有的感動於過去就醫的經驗，另外一些則是對醫療科技極感興趣，當然，有一部分還是為了名譽及金錢。

不管原因是什麼，我相信，唯有當學生對自己「所為何事」清楚明白，才能在面對生命中層出不窮的挑戰時，依然站穩腳步，堅持初衷。身為教育者，我們當然希望學生在反省自己所為何事的過程中，修正自己的動機，比如說錢雖然重要，但是醫師救人的意義，是遠高於金錢的價值。

有些學生在反思中，會對自己真正的動機感到驚訝，那些為了不讓家人失望而選擇醫科的學生，往往必須往內心深處找到更能支撐他們繼續苦讀的理由。這樣的反省，不但可以幫助他們在未來的生涯中，繼續為前途做決定，也可以讓他們遇到挫折時，找到繼續走下去的動力。

其實在不同的生命階段，我們對「所為何事」的答案也會轉變。一個健康年輕的人，人生的目標自然是事業與人際；一個病入膏肓的末期病人，心願可能是希望見到孫子畢業、孩子結婚；如果是年輕的末期病人，或許最迫切的心願是和朋友再相聚一次，或是能再看看一望無際的海洋等。

如果能適時自我詢問「人生所為何事」，很多時候，可以減少不必要的心理壓力與衝擊。例如在日常生活中發生不滿的事情，如果真切的詢問自己「所為何事」，會發現有些事情不值得如此費心，有些怒氣並不必要，有些糾結其實是可以放下的。

從生死學的角度而言，生命有限是不變的事實，因此必須更常詢問自己「在生活中究竟所為何事」？而我們給自己的解答，是否又是值得？如果覺得不值，是否願意修正？生命中最不值得的事，就是太在意別人的看法。人生苦短，不能一直以別人的看法做為生活的準繩，思考所為何事，就是讓我們有機會深入思考自己真正的希望是什麼，真正的喜悅又是什麼？在現實的生活中，能實踐的有多少？能計畫改變的空間又有多大？

希望每個人在展開新的一天時，詢問自己「所為何事」？同樣的，在一天即將結束時，也檢視這一天有沒有值回票價。

謹記生命的美好

和同事談起如何面對學生的教學評鑑，有趣的是，許多資深的講師、教授仍會因為學生負面的教學評鑑而感到耿耿於懷。其實我也不例外，不管教學評鑑總的來說有多麼出色，只要有一兩個不滿意的學生批評，心情就會大受影響。

當我坐下來好好思考，發現背後的原因是很多重的。首先，相信大部分的人都希望付出後能獲得肯定，如果收到負面的評鑑，若是言之有理，就必須自我反省改進；若是無的放矢，難免會覺得心血白費。

再者，很多看起來有信心的人，其實心中都有脆弱之處，有時候別人無心的批評，他們聽了會覺得心如刀割，只因為言者無心說中了聽者的痛處。當然有些人面對批評是「刀槍不入」的，不管別人說了什麼，似乎都不受影響。雖然看起來是最好的應付方法，但如果對所有外在因素都無動於衷，會不會有點麻木不仁？

當我反思自己對負面批評的應對時，發現其實人們對批評只有當下的反應是真實的。簡言之，當我們受到批評，有情緒反應是正常的，只是讓我們煩惱的往往不是批評者，而是自己不斷在腦海中重演被批評當下的感受，於是一句話在情緒的助長下，成了一整晚失眠的魔咒。

要增強自己對外在批評的免疫力，應從培養自知之明與常懷感恩之心開始。自知之明，即是誠實面對自己的行為，對自己要有清楚的認知，不自欺欺人，如此在面對建設性的批評時，能更快辨識它們對自身成長的幫助。同樣的道理，面對負面的諷諭時，也可以更清楚的了解其實這是批評者的不滿與投射，如此就比較不會拿別人的錯誤見解來懲罰自己了。

至於心懷感恩，就是時刻提醒自己生命的美好。最近同事做了一場小手術，結果因為併發症，險些送了性命。我知情後趕緊寫了一封信給他，除了祝福早日康復，更表明是多麼樂於和他共事。他收到後非常感動，傳短訊表示那封信函讓他高興了一整天。由此可見，讓自己多擁抱生命的美好，必然會自利利人。

除了自知與感恩，我們也要擁抱大自然來調適心情，畢竟當我們面向大江大海，很多的人是我非都會變得微不足道。一棵千年樹笑看人生，一座萬年丘欣欣向榮，真的看懂自然、深入自然，身心情緒與感受的轉換也就更容易了。

話說回來，從生死的角度而言，生命苦短，如果不把握珍惜，就會把寶貴的光陰蹉跎在無謂的諷諭上。所以面對正面的建議，可以加油改進；面對無理的要求，無須花費太多心力計較；重要的是謹記生命的美好，並適時把這份歡喜與世界共同分享！

疏通生命的活水

過新年，一般人常說除舊布新，其實外在的除舊布新只是一個象徵，內在的除舊布新才是生命自在的源頭。還記得中學時，曾收到一封寫著「問渠哪得清如許？為有源頭活水來」的賀年卡，那是宋朝著名儒家學者朱熹的詩句。把這首詩用在新年，可比喻成如果心情想清澈無染，那麼心中就要有源源不絕的活水流通。

源源不絕的活水可以來自幾個地方，一是我們是否每天都能以新鮮的心情看待人事物？即使彷彿是一成不變的重複生活，我們可不可以在微細中，依然覺察到生命不同的地方？能做到這一點，不僅可以接通生命的活水，也能幫助別人開發他們生命的源頭。

我常和學生說，當醫師必須謹記，千萬不能忘記眼前每一位患者都是獨特的個體。再舉例而言，身為婦產科醫師，可能已經為成千的患者開過刀，但是他必須謹記他眼前這位患者，只有一個子宮；所以對這位患者而言，醫師的千萬次，永遠是每一位患者的第一次。身為醫師，可能覺得每天看的都是一樣的病，開的都是同樣的刀，但是從患者的角度，他們可是第一次患這樣的病，或是第一次動這樣的手術。同樣的，我也經常提醒自己，雖然已在醫學院工作多年，但每年的新生都是第一次經歷醫學院，如果用心和他們相處，必然會有新體會。因此，想發現生命的活水源頭，就必須學習以新鮮的心，看待每天的生活經歷。

其次，要把淤塞在生命活水通道的枯枝淤泥疏通，其實就是要接受生命本來就是充滿流轉變化的事實。好的事情，在不對的時機不一定好；壞的事情，在恰當的因緣下也不一定壞。更重要的是，已經過去的事，怎樣也無法倒帶重來，生命中的恩怨情仇若不放手，只會自尋煩惱。

想要放下，可以從觀察自然中學習。當我們看懂了漲潮退潮無法阻擋，月圓月缺也是自然必經，怎麼還會不放手？所以常覺得能住在黃金海岸是一種幸福，因為當我覺得生命受困時，就能往海邊跑，看著海水的起伏，心中的煩惱也會慢慢被沖散。所以想疏通生命的活水，就必須讓過去的事情隨生命之流而去，那才是真正的除舊布新。

疏通生命的活水，其實就是接受生死的自然，唯有讓過去的種種過去，當下的一切才能再生。當我們能體會當下的種種美好，就不會再堅持抓緊過去種種的折騰與痛苦。每個人須多向活水學習，向生命中不再需要的牽絆說再見，對生命迎面而來的每一個當下欣喜面對，如此生命的活水將充沛心靈的力量，協助我們面對生命的挑戰，也創造更多生命的美好。

為生命找到平衡

和居住在香港的姐姐閒聊，我有感而發的說：「有病的不一定先死，先死的不一定有病」。之所以談到生死，是因為最近有一些長輩先後去世了。雖然知道人生無常，但很多時候大多數人，依舊還是把生活目標建立在自己會長命百歲的假設上。相信生死無常，並不代表就不做長遠的人生計畫，只是在規劃的同時，是否也該思考計劃中是否有生死考量？

經常談生論死，或許有人會覺得太灰暗；如果換一個角度來看，活著要如何減少遺憾？或許對生死的感受就不同了。如果認同活著是要減少生命的遺憾，要邁向圓滿的生命，那麼怎樣的生命才算圓滿？這是由每個人自己定義的。在定義自己的圓滿生命清單之前，須先建立生死智慧。如果沒有好的生死智慧為基礎，生命走到盡頭時，還是會有很多缺憾的。

以臨終關懷的教學為例，我們經常會做人生境界與生命目標的比較，一個健康的成年人，他們的生命目標或許在事業、錢財上很大比例；但是對罹患重症的病患而言，他們的生命目標中，家人的相處與生活品質，就更顯重要了。而對於走到生命盡頭的臨終病人，事業與金錢這些身外物和內心的平靜相比，可能就變得無關重要。

我的看法是，活著的意義就是平衡自己的生命目標。在這樣的覺察下，或許可以對生命中面臨的小問題少一些計較；在反思耿耿於懷的事情時，或許可以比較寬容；在決定每一天須完成事項的優先順序時，或許可以多一些平衡；在忙於滿足別人對自己期望的同時，會多花一些時間照顧自己身心的需要。如此我們的忙碌會變得更有意義，人生也就更趨於圓滿。

從事生死覺醒工作的這些年，總是思考生死如何豐富我們的生命。在有限中，往往更能創造無限；因為生命的有限，更會警惕要擁抱每一個當下；在融入生命的當下之中，就可以因為與生命坦誠相遇而感受到生命的豐富了。

生涯回顧從頭開始

在輔導教學的課程中，有一項作業是生涯回顧，主要是要求學生回顧和反省自己的「一生」。

在安寧照顧和生死教育中，生涯回顧是非常重要的一門功課。在安寧病房中，患者經常喜歡回憶往事，和患者對話的開始很可能是「話說當年……」，在這樣的回憶過程中，患者往往有機會去反思自己一生的歷程，有哪些主要的回憶，以及這些事情對他的影響又是什麼？

輔導者或是義工可以針對患者的回憶，加強其正面的經驗，例如患者提及以前是烹飪高手，旁人可以引導患者回憶當時的感受，從家人和朋友的讚美，到自己創作菜色的滿足感，都能讓患者看到自己的價值，深一層而言，那正是患者生命意義的源頭。

患者的生涯回顧除了重溫美好時光，有時也難免會勾起傷心往事而潸然淚下，這時無須過多的安慰和介入，畢竟在全人輔導的理論中，哭泣是一個很重要的治療過程，旁人只要扮演支持的角色，讓個案能在不被評斷的環境中，與自己內在的創傷相遇。

我們也可以鼓勵患者在悲傷之餘，可以嘗試平靜深長的呼吸，這是一個簡單又有效的方法，如果運用得當，可以讓患者從平穩的呼吸中獲得平靜，也讓平靜的力量撫平創傷。在哀傷時，深長的呼吸，往往有助於哀傷者昇華傷痛。

生涯回顧除了協助患者重拾對自己過往生命的肯定，面對臨終病人也可以派得上用場。面對臨終病人，如果因緣許可，我們可以用感恩的心，感謝患者一生的貢獻。這不但能讓患者重溫自己在人生的付出，同時也讓家人有機會好好表達感懷之情。

其實從自身的經驗發現，生涯回顧並不只是患者的功課，更應該是每個人的功課，畢竟在忙碌的日常生活中，人們很容易陷入不自覺的生活模式，重複舊有的習慣，而生涯回顧可以協助我們看到過去，更能夠在自知的情況下展望將來。

長期深入的生涯回顧，須有善知識的引導，畢竟不同的生涯階段有不同的生命任務。但是每個人其實都可以做短期的生涯回顧，那就是每晚就寢前，回想自己的一天，生起了多少煩惱？布施了多少歡笑？重複了多少慣性行為？開發了多少內在潛能？末了，以一口深長的呼吸，將人我是非放下，將平靜祥和吸入，期待今夜的好夢，明天再從心開始。

婚喪喜慶

受邀參加朋友的婚禮。在澳洲一般婚禮甚少大擺宴席，所以如果拿來和馬來西亞華人婚禮宴客比較，絕對是天差地別。例如我的朋友Deanne和她的先生Greg的婚禮晚宴，男女方共同宴客，加起來也就只有十桌出頭，這和國內相比真的是很不一樣。

雖說我在澳洲也已經十年了，參加婚禮的次數真的是屈指可數，能有機會參加澳洲的婚禮，可說是讓我大開眼界！首先是婚禮相當具有個人特色，例如當Deanne步上紅地毯的時候，我們耳邊並沒有響起在電影中常聽到的婚禮進行曲，反之是新娘和新郎自己鍾愛的情歌。此外在婚禮前一天，我接到Deanne的簡訊，她說曾聽過我誦念藏傳的〈大悲咒〉，她希望我能在婚禮儀式中為他們誦念〈大悲咒〉祈福。既然是好朋友的婚禮，我當然不好推辭。就在新娘和新郎交換戒指之後，我就被請上臺，儀式結束之後，居然有好幾位澳洲人跟我說，他們聽到〈大悲咒〉感覺很歡喜，感動到眼淚都掉下來了，這真的是我始料未及的。經歷了這樣的過程，讓我更深刻的體會到婚喪喜慶中，如果能加入一些個人的特色，不但能增加參與者對儀式中心人物的認識，還可以讓人們耳目一新。

在生死學中，我們常強調典禮儀式是人生成長中不可或缺的一部分，這些典禮不管是婚喪喜慶，其實功能都是在幫助當事人，面對眼前的身分角色轉變。例如婚禮就是新郎和新娘從未婚身分，轉換到夫妻身分的儀式，通過儀式及慶祝，其實是對新人給予祝福及打氣，讓新人知道他們所締結的關係是合法的，也是受到親友及社會祝福的。同樣的道理，喪禮也是在協助人們面對生死的轉換。近年來，開始風行的現代化葬禮上，我們可以看到人們在傳統的葬禮中開始融入個人的特色，例如有些人就會在葬禮上播放死者生前喜愛的音樂，這不但增加了葬禮的個人色彩，也讓參與者緬懷死者生前的種種。

話說回來，這場婚禮，讓我更深的體會是，其實儀式真的沒有絕對。最重要的是儀式如何讓參與者能在過程中，對儀式的主角表達他們的想法及祝福。因為不管是澳洲的婚禮，還是我過去在馬來西亞及臺灣參加過的婚禮，在各種不同的儀式中，我感受到的依然是新娘及新郎的濃情蜜意，以及親人的深深祝福。同樣的，我在不同國家參與過的葬禮，觸動我內心的還是生者對死者的憶念及追悼。生活在這個快速轉換的現代社會，希望大家在進步的當中，依然能保留一些美好的儀式及明白它真正的意義。如此我們在面對生命的轉換，就能更從容自在了！

忌諱與機會

一直以來，我對傳統的禮儀是抱持尊重的態度。覺得禮儀可以幫助人們，過渡生命的成長，也就是透過禮儀，我們可以順利轉換角色。所以我是很讚許成年禮、畢業典禮、婚喪喜慶等禮儀活動的，但有時候也發現一些禮儀裡面，很容易夾雜許多似是而非的忌諱。

談到忌諱，印象深刻的是我小學時，副校長的母親去世了。正逢過年，母親和阿姨到副校長家拜年，當時副校長一身素衣迎客，而且對母親及阿姨的到訪有點兒不知所措，一直很介意自己還在戴孝，怕給母親及阿姨觸霉頭。臨別時，母親和阿姨遞上紅包，副校長道歉說居喪期間不方便回禮。所以我這小不點，自然只好兩手空空而回了。記得在副校長諸多的抱歉當兒，母親說了一句「不要擔心！我們百無禁忌的」！當時年紀還小，這情景看在眼裡，覺得副校長喪母已經很可憐了，居然大家因為忌諱而不敢去探望他們，真是難為他們了。
多年後會再想起這段往事，是因為我自己的舅舅在大年初一腦溢血，結果在這大家都只講吉利話的日子，舅舅被送到醫院緊急開刀，得悉舅舅重病的噩耗，心中難免會思考，在這個吉利的日子，重病或出意外的人，他們的家人能否獲得應有的社會支持？而我們會不會因為忌諱而喪失了關心他人的機會？
由於我生活在西方世界已經十餘年，自己的生活態度多少也會受到現代西方風氣的影響，現代西方人的生活可說真的是百無禁忌。活在百無禁忌的社會久了，有時候聽聞到東方的種種忌諱，一時間還真的是難以適應。舉例來說，小時候常被提醒醫院是大不吉利的地方，如今我在醫學院教書，醫院和醫學院只是一路之隔，學生成天穿梭在醫學院與醫院之間。也有人說醫師穿的白袍可以保護他不會沾染霉運，但是澳洲的醫師，已經很久不穿白袍了。男醫師都是穿個襯衫，女醫師就是普通的洋裝，所以白袍說自然不攻自破了。也有人說，醫師因為有天職，所以沒有忌諱，我則寧可相信是因為醫師專注關懷患者，根本沒有把霉不霉運的事情掛在心上。如果這是真的，遇到忌諱的時候我們還真的須要思考一下，因為恐懼自身利益，而錯過關懷他人的機會，這樣的行為，又會給自己帶來多少福氣？

在吉祥的日子裡面，如果發生不吉利的事情，請不要因為忌諱而錯過關懷他人的機會，畢竟天公疼憨人，計算、計較的人，往往不比宅心仁厚的人有福氣啊！

走過人生

取得澳洲永久居留資格時，依照昆斯蘭洲的規定，必須在三個月內考取駕照，才能繼續擁有開車的資格。

我因為大學開學工作忙碌，結果期限到了，就只好把車子停在家裡當公車族和靠自己的雙腿了。

雖然說等公車偶爾會很不方便，靠自己走路更是容易疲累，我卻發現在懊惱公車誤點及雙腳痠痛之餘，我慢慢開始享受起這段生命的插曲了。我所以會這麼說是因為坐公車和自己開車不同，我在公車行駛時，完全沒有開車的壓力，更能夠好好的欣賞澳洲著名的藍天白雲。同樣的，在沒有自己的車子代步情況下，我自然必須多走很多路，因著多走路，我看的東西也比平常多了。平常開車的時候不能東張西望，走起路，我反而有更多的機會來細細品嘗身邊的人事物。

這經驗讓我赫然發現，原來平常自己開車，很多時候我們已經和眼前的環境脫節了。我們坐在自己的車子裡，開著冷氣，鮮少和外在的空間互動，沒有辦法感受到腳底下的大地，也沒有辦法細看那些擦身而過的人，就這樣的，我們的日子在匆忙中，麻木的度過了。

這不禁讓我反思我們的人生又是怎麼過的？如果要大家在匆忙麻木的人生與清楚明白的人生之間做選擇，大部分人會希望自己的日子過得清楚明白。但問題是我們懂不懂這樣過日子？其實，清楚明白的日子是有一定節奏的。也就是說我們的生活越符合自然的節奏，心就越清楚，日子也就過得越明白。可惜現代人的生活節奏往往荒腔走板，應該睡覺的時候不睡覺、應該活動的時候不活動，事事講求方便快速，在匆忙中麻木了我們的覺受，我們看似在「快」之中累積了好多，然而所累積的並沒有和我們真實的生命互動。簡單說就像是吃東西時，沒有真的品嚐到食物各個層次的滋味；又或是在旅行時，走過一個地方，卻沒有真正看到當地的風土人情。

到底要如何才能找回生活的自然節奏？建議回到腳下，回到自然的行走，儘量在自己生活的每一步中用心，從每一步的踏實中，真正的把人生好好的走一遍！我相信在人生路上走得踏實的人，在人生的終點也會相對的瀟灑。原因是他們的人生走得既清楚又明白，在清楚明白之中，遺憾自然也就少很多。一個遺憾少的人生，就不會有太多錯過的感慨，在一步與一步的起落之中，行走者也體會到任何起點都有終點，於是當抵達終點時，心也就相對的坦然。希望大家在忙碌人生之餘，抽空回歸自然人生，在簡單的一步一步之中，好好的走過人生、快樂的走向未來！

人生的自在是從不斷的反觀內省中看到人生的真實，也唯有如此我們才能體會到人生的豁達，不會錯失了沉澱與深化的契機。

妙音觀世音，梵音海潮音，勝彼世間音，是故須常念。
念念勿生疑，觀世音淨聖，於苦惱死厄，能為作依怙。

《觀世音菩薩普門品》

邱筱惠／一個人的咖啡廳

反省！翻醒！

我在醫學院負責的醫療人際學課程已經八年了，這個課程其中一項作業是要學生寫學習反省心得。原因是希望這些未來的醫師們能早日學習及培養自我反省的習慣，如此在他們未來的工作上，才能不斷的自我反省及求進步。

有謂「教學相長」，為了要教，我也必須更深入的了解什麼是反省。想到要學生寫自我反省的作業，我想起小學的週記。記得老師常說「週記不要寫流水帳，要寫心得」。問題是老師並沒有更深入的引導我們，辨別什麼是流水帳、什麼是心得，有了心得要如何捕捉？捕捉了又要如何表達？這都是我現在在教學生的。舉個例子，我們從小都知道寫日記好，但是真的寫日記的有多少人？嘗試寫結果不了了之的又有多少人？把這回歸到教學工作上，再次印證好主意沒有恰當的引導，永遠就只是個好主意。更糟的是學生的學習經驗如果不好，他們以後會自行嘗試的機率就低之又低了。

從這些年的教學經驗中，覺察到一般人可能覺得反省太高深莫測了。如果用比較通俗字眼形容，反省可以說是「翻醒」。也就是說把自己經歷過的翻出來，好好看一看，想想從中有哪些醒覺？什麼做得好？什麼做得不好？原因是什麼？下次又該怎麼做？

要「翻醒」，首先必須確切的認知到「翻醒」的重要性。放眼看看我們的生活，其實我們是無處不「翻」的。看書不能不翻書，煮菜要懂翻炒，農夫耕種要翻土，建築舊了要翻新。畢竟除舊布新是自然的法則，東西沉積久了，不翻一翻難免積弊。就算酒越陳越香，在威士忌的釀造過程中，釀酒師也得不時翻一翻酒桶，如此佳釀和酒桶木香才會均勻。

當然，如果是隨便翻就不如不翻了。更重要的是翻了要有覺醒，這覺醒是必須練習的。例如你光臨的店家不老實，下一次是否要再光顧就要三思了！所以我們都懂得怎麼「翻醒」，只是不一定懂得在需要的地方及時「翻」，如此就難免錯過一些關鍵的覺醒了。話說回來，這和生死的關係是什麼？常「翻轉思考」的人生，就會常有「覺醒」。有覺醒就會修正行為，如此我們就能活得更踏實，在臨終的時候遺憾也就會更少。

感謝學生讓我從他們的反省教學中，體悟到自己須常「翻醒」。共勉每天的生活中要能有自我翻一翻的時間，多多覺醒，該放下的放下、該堅持的堅持，為美好的生活繼續奮鬥！

化卻舊恨不生新愁

自從進入四十歲大關，不敢說四十而不惑，但是因為歷練稍長，所以對一些事情的看法，也會開始有變化。因為年歲漸增，身邊的人（包括自己）真的開始變老了，有些過去認識的人很不幸的，不是罹病，就是往生了。這給我的體會是，舊恨如果沒有化解，有時候真的會變成新愁。這話怎麼說？意思是說在我們成長的過程，和一些人合不來是很正常的。不管求學或是就業，往往都會發現有些人和自己格格不入，如果摩擦不大倒也相安無事，但是有時候彼此有了衝突，心結就結下了；有了心結，如果沒有化解，時間一天天過，自然就成了舊恨。如果我們只忙於生活，繼續錯過化解的契機，有一天當對方不在人世了，這舊恨將永遠無法被化解。

在好些年前曾聽說過，當對某一個人很生氣的時候，務必提醒自己，在過去是否也對不同的人有過類似的情緒？如果有的話，不妨反思一下，在這當下，那過去的舊恨，是否依然憤恨難平？從我過去的經驗看來，除非是真的很深切的創傷，很多時候過去把自己氣得臉紅脖子粗的事情，現在回想起來，真的是要氣也氣不起來了。這樣的經歷提醒著我，大部分我們在那個當下為之氣結的事情，假以時日往往還真的是微不足道。

之所以談這題目，是因為有些舊恨如果沒有細想，幾乎都不記得了。但是如前所述，如果沒有把握機會化解，萬一那與自己在過去不合的對象忽然辭世，對方至死依然不曉得我們早已不復記憶，豈不可惜？

當然不是說希望大家馬上拿起電話，撥給自己過去的舊恨，大談寬恕包容。我的意思是，我們可以不時回想一下自己的來時路。在這人生的路途中，有沒有一些我們不經意結下的心結？如果有，在有機緣的時候，不妨大方一點扮演先伸出橄欖枝尋求和解的一方，原因是對方也許也有希望化解的心念，只是不曉得該怎麼開始而已。當然，過程中也可能會遇到依然執持舊恨不願放手的人，如果是這樣，也只能尊重並接受對方的決定。我們只能不斷的自我提醒，執持舊恨其實是一種自我懲罰，況且舊恨不解，一旦錯失化解因緣，難不免就成了新愁。

我常說，活著其中一個最重要的課題是學習「放下」。放得越多，心就越輕鬆，如此一來到了生死關頭，要走的時候心中的掛礙和負擔就相對的減少。所以說化解舊恨，如果處理適當，是自利利人的。

覺察生活的沸點

還記得醫學院在設計辦公室之初，玻璃太多，我對此持反對意見，原因是學生來和我商討課業挑戰時，偶爾會觸及個人情緒與生活困境，說到傷心處，會潸然淚下。辦公室玻璃太多，會讓學生覺得不好意思。當我提出異議時，有位同事開玩笑說：「問題不在玻璃，問題是你為什麼常把學生弄哭？」

同事雖是說著好玩，事後我也反思為什麼常把學生弄哭？幾經思索，結論是因為我對「生活的沸點」有比較高的覺察性。生活的沸點是指當生活的壓力超越某一個點。一個人的生活諸如工作、家庭等領域，就會出現無法正常運作的現象。壓力超越沸點的人，雖然還是能如同一般人一樣過日子，但會變得易怒或情緒化，因為在生活的壓力下，他們已經沒有辦法理智的對事情做出回應。

舉個例子，有時候學生對於某些小事情會有相當大的情緒波動。同樣的事情，如果發生在一個沒有壓力的人身上，他可能會一笑置之；但是發生在飽受壓力的學生身上，就成了壓垮駱駝的最後一根稻草。遇到這些接近生活沸點的學生，我通常在交談的課題上都會退一步，把話題轉移到他們最近的生活。有時候我只是簡單的問一句「你最近過得怎樣」？飽受壓力的學生聽到這關懷的語句，就會淚如雨下，有時候哭泣的學生會說「我也不曉得自己為什麼會哭出來」？我的看法是，當生活逼近沸點，哭泣就是一種正常的宣洩。

同樣的有些久病臥床的患者，他們的生活可說是常在沸點徘徊。如果照顧者能有覺察性，就可以對患者多做疏導了。話說回來，有時候包括我們自己，如果對某些雞皮蒜毛的事情大發雷霆或感到深受傷害，我們也必須警覺那可能是生活瀕臨沸點的徵兆。這表示我們必須對自己的心靈做額外的呵護。原因是如果我們不防患未然，一旦情緒爆發，我們和身邊的人將很容易受到傷害。此外也要明白，對沸點的刻意忽略於事無補。要做的是從身體、心理及心靈下手。在身體上要均衡飲食、正常作息；

心理上要鼓起勇氣面對和處理情緒的癥結；心靈上則是和生命的理念或信仰做連接，如此就能從根本上看清楚生命的優先順序。看清楚了生命的方向，生命就更容易回歸平衡。當然說得容易做得難，所以我們身邊必須要有願意適時善意提醒我們的親友。能多多自我反省並互相提醒彼此的生活沸點，我們就可以包容在沸點邊緣掙扎的人，並一起面對及克服生活的挑戰。

老來無悔

八十三歲的母親有一句口頭禪：「等你老了你就知道。」當我還是很年輕時，老實說這句話真的是耳邊風，現在過了不惑之年，老花眼鏡也成了隨身攜帶之物，再聽到這句話時，心裡會開始想：「真的老了我會知道些什麼呢？」從我自己得了老花眼的經驗看來，老了大概很多事情都會變得不方便。換言之，很多在年輕時候理所當然的事情，老了之後真的是分外吃力了。所以老人家會說這句話，大概就是希望年輕人對他們的處境，能有多一點的同理和包容。

伴隨這句話常聽到的另外一句是：「等你老了，你就有很多時間可以慢慢後悔。」這句話可以說是下聯。因為當真的知道老人家的困境時，就會開始反省自己過去怎麼對待他們，因而會慢慢感到懊悔；再加上到時候自己也老了，就真的有很多時間可以思前想後的追悔了。

如此說來，要怎麼活才能老來無悔？從前面兩句話看來，老人家在身體機能退化後，經常會發現身邊的人對他們不能理解與包容。所以身為相對年輕的人，我們在和老人互動的時候，必須特別用心。我們如果能用心觀察，自然了解看到老人家速度、反應慢半拍，很多時候真的是身不由己。有了這樣的見解，就會更耐煩、更能生起包容心。

至於老來追悔，很多時候是環繞在自己年輕的時候沒有盡責、盡孝。當然，我從來不鼓勵愚孝。但是相對年輕的我們，必須思考應該做的有沒有做到？這也就是前面所說的盡責、盡孝。盡心孝順奉養父母是分內的責任，如果該做的沒有做到，就難免老來後悔。因為當自己年邁時，才會深切的體會到，原來老人家多麼渴望被關懷，原來老來的孤寂如此難耐，原來親人的噓寒問暖會叫人如此窩心。由此可見，當我們在年邁體會到這種種，再回想到自己年輕的時候沒有盡心盡力，心中懊悔自是難免。

真的要做到老來無悔，最關鍵的還是當下的生活。在這個當下，我們與身邊長者的關係到底是如何?如果不想老來追悔，請在這個當下就開始善待身邊的長輩！我們必須了解，人年紀大了，性格有時候真的會像孩子一樣，這對我們而言就是學習包容的良機。如果身邊還有長者，記得為他們送上溫暖。如此有一天當我們都老了，所記得的都是對長者的敬重與照顧，如此一來我們懊悔的往事就會減少了。

父親的叮嚀

傍晚時分電話響起，來電顯示是大哥廣頌。現代通訊發達，簡訊千里彈指間，所以接到家人的越洋電話，尤其家裡還有老人家的，心裡第一時間難免會想是不是發生什麼事情了……接通電話後，聽到哥哥爽朗的聲音，我的心安下來了。原來哥哥在安養院探望父親，所以問我要不要和父親說說話，我自然是再開心不過。父親二〇一五年因為腸道大出血在家裡跌倒，經過手術之後，因為不能自理而入住安養院；近一年來更因為重聽日益嚴重，所以越洋電話基本上都是在聽父親說話，有時候運氣好，他聽得到我在說什麼，我們就能多講兩句，不然就是父親自說自話兩三分鐘，對話就結束了。

在大哥把電話交了給父親後，話筒傳來父親向來低沉有力的聲音，雖然已經八十出頭，聲音一點都沒有改變。開頭父親總是先問候母親，知道母親已經就寢，父親話題一轉說，他知道我和姐姐在澳洲會好好照顧母親，所以他沒有什麼後顧之憂。之後父親更進一步說，因為我和姐姐都對生死學有所涉獵，我們應該都知道人生就是短短數十年，過了就是過了，最重要的是不要讓自己的情緒受到外在情境的影響。他說如果活了一把年紀，對自己的情緒起伏都還沒有辦法掌控，那就是白活了。最後父親說他也沒什麼要說了，我和他說了聲「爸爸，我愛你」，我們的對話就結束了。

掛完電話放下手機前，我看到螢幕顯示通話時間是四分鐘。和父親說話的四分鐘內，他的聲音把我帶回了家鄉。想到三年多來，只能越洋看著父親日益衰老，尤其是近一年來聽不清楚也說不明白，心裡除了感慨也只能接受。但是今天的電話特別之處，是父親對我們的叮嚀。原來他還記得我和姐姐都對生死學有所涉獵，更重要的是他內化了過去有關生死的見聞，還記得叮嚀我們要當自己情緒的主人。

從這簡短的對話中，我發現父親雖然健康情況不佳，但是他在關鍵的事情上還是很清楚。這應該歸功於他多年來學佛熏習的成果。我常說：「與其擔心臨終的一念，不如耕耘當下的心念。」我相信我們如果平日有用功，即便年老體衰，心念訓練有功，有些關鍵還是可以把握得住。想到這裡，很感謝父親的叮嚀與提醒，人生數十年，如果最後不能心無掛礙，那就真的是白活了。

寬恕與輕安

曾經觀賞一部澳洲製作的影片《The Railway Man》，內容描述關於二次世界大戰期間，日軍迫使各國戰俘修建連接泰國及緬甸的死亡鐵路事件。影片中描述當年被日軍凌虐的受害者，在經歷多年的心靈煎熬後，終於選擇原諒其中一位曾迫害他的日軍翻譯官。因為受害者深刻明白，如果不原諒加害者，終其一生將活在憤恨之中，唯有透過原諒，才能在尋得內心的平靜後，逐步重建生活。

在生死臨終關懷中，我們常希望臨終者說出三句話：「謝謝你」、「對不起」及「再見」。對於有恩於我們的人，要說謝謝是再簡單不過的。但對於曾經讓我們的生活經歷磨難的人說謝謝，那就是很大的考驗了。走過人生歷練的人都明白，其實長時間心懷憤恨相當耗費心神，尤其當深陷憤恨當中，必然沒有辦法享受眼前的美好，也會錯過身邊的真情關懷。

想一想，生命中是否有什麼人可以被原諒，但我們卻依然選擇憤恨？雖然有些事情不容易原諒，尤其當加害者毫無悔意時，受害人更須深刻的自我認識及心靈昇華，才能自我放下。但如果對一些已過去的雞毛蒜皮小事還是很在意時，那就是練習寬恕的良機了。

舉例來說，如果被人為了利益出賣或是造謠中傷而憤恨，那麼長年帶著憤恨，對身心及人際關係都是一種自我折磨。若是想原諒卻放不下，我們可以建立健康的情緒宣洩管道，例如對好友傾訴、接受專業心理輔導、參與氣功及瑜伽訓練等，透過身體的轉化帶動情緒的抒解。而對於有信仰的人，則回歸信仰的力量參與共修與服務社會，尋求自己內在的和解。

當然，很重要的一點是，每個人的寬恕之路要自己走，我們只能要求自己昇華寬恕，對於旁人的創傷，能做的只有支持，千萬不能橫加要求，畢竟針沒有刺到自己的肉，我們是無法真正感同身受的。如果自己能真誠的走在寬恕之道上，那些執持怨懟的人，或許也能感受到我們內在的平靜而把我們當成榜樣。

希望每個人能時時淨化自己的心靈，對於陳年的憤恨能選擇原諒、釋懷；對依然難忘的舊恨，至少不讓它成為體驗眼前美好的障礙。選擇寬恕，人生包袱必能漸漸減輕、身心輕鬆，在面對生死時，也更能自然灑脫。

慈悲自己　放過別人

推動生死學時，我經常請人們想像，如果瀕臨命終，對於過往的愛恨情仇有什麼感覺？曾經不共戴天的仇恨，在死亡面前是否會有任何改變？從經驗中，大部分的人都會選擇放下。

透過生死思維，認知上的「放下」是第一步，接下來再回歸到身體的覺受，因為憤怒時所產生的情緒反應，通常身體也跟著受罪，比如「氣急攻心」、「火冒三丈」等，都顯現出情緒反應對身體造成的影響。

要一個人儘量不生氣、不傷害自己，是不可能在盛怒時做到的，須在平常生活中慢慢培養。一般人平日對自己的情緒到底有多少覺察？唯有平常對平靜有深刻的理解與實踐，一旦內在因為情緒而地動山搖時，才能不被內在的千重浪所撼動。一念瞋心起，火燒功德林，一旦情緒失控，所建立的一切，往往就付之一炬。

不過遇事不生氣，並不是指盲目縱容不公不義的事，是非對錯當然要分明，但關鍵是處理事情的過程，能不能慈悲自己、放過別人？讓負面的情緒翻攪而傷害身心，是對自己不慈悲；因為自己的情緒而過分責難對方，是不放過他人。因此該如何適度的面對，是一門須日日修練的功夫。

生死學除了探討如何面對死亡，最重要的還是回歸如何面對生活。如果健康的時候總是心懷憤怒，那麼在臨終之際要如何放下？想要如何死，就必須學習如何生；要在生命的終點自在離開人間，平日就要對自己的身心情緒有更細微的觀照，唯有深刻認識自己的起心動念，才有機會打破自己的習慣與迷思，從囚禁自我的牢獄中解脫。

最近北半球入夏，南半球入冬，因為工作的關係，我從澳洲的冷走入亞洲的熱，對我而言，這何嘗不是一種提醒，無論外在的環境與變動如何讓人起煩惱，我們都要耕耘自己內心的平靜祥和，這也可以是慈悲自己，放過別人的起點啊！

走向終點的姿態

在課堂上，我請學生寫自己的人生終點回顧，讓他們思考當生命走向盡頭，從終點回顧時，希望別人如何評價他們的一生？按照我的經驗，學生雖然年輕，但有些人對生命的看法還是很有深度。

此外，我也向學生說明，不是寫當下的生命回顧，而是希望他們想一想，在還擁有的時間中，要如何成為真正想成為的人？該如何好好生活，才能在終點回顧時感到今生無悔？

其實這都是不容易回答的問題，首先必須問自己，在這個世界希望扮演什麼角色？如果不清楚自己要的是什麼，當然就不容易找出走向目標的道路。

對我而言，人生目標可以分為好幾種，從人際互動、工作、健康乃至生命的意義，都涵蓋在人生的目標之中。記得中學剛畢業時，目標就是進大學；進了大學後，目標就是順利畢業；畢業之後就是找工作，這可算是我在人生中不同階段性的目標。

之所以鼓勵學生思考終點回顧，不外是希望他們想想每一天的生活中，有多少時間和精神是放在達成生活的目標？換言之，既然知道死亡不可避免，我們該以什麼姿態走向自己生命的終點站？

在思考到面對死亡時，很多人很自然的就會想到「放下」。殊不知「放下」不能等到臨終之際，如果平日在生活中沒有練習放下，到了生命的最後一刻，就很難輕易坦然放手了。同樣的，寬恕、快樂、自在等種種許多人希望擁有的生活特質，都必須從不斷練習「放下」中才能獲得。如果認真回顧每一天的生活，我們在生活中的姿態大部分是什麼呢？我們是希望擁有更多而抱持抓取的姿態，還是自在隨緣，自然放鬆的姿態呢？

其實生命的答案，很多時候不在虛無縹緲中，日常生活的姿態即是很好的解答了。就讓我們從平日身體姿態的自在從容先開始吧！試著以大自然為師，在聆聽清晨鳥鳴，或是登高眺遠之中，學習放鬆深鎖的眉頭，卸下肩上的緊繃的壓力，只要我們生活的態度是從容的，走向生命終點的姿態也將是優美的。

謝謝您 讓我告訴您

姨丈是公認的大好人，從小就覺得他是和藹可親的長輩，有事請他幫忙，他總是說到做到，家裡的大小事務也和阿姨合作無間。一年多前，從吉隆坡傳來他罹患胰臟癌的消息，認識他的人無不擔心難過，然而這一年多來，他依然步步堅毅的走了過來。

對於罹患末期病症的人而言，如何接受事實應該是最大的考驗。接受事實，意味著要面對可預見的失落，也就是必須真實的體認到，自己即將和眼前所有的一切永遠離別，這樣的煎熬，非當事人是無法理解的。

身邊的人看著姨丈的病情逐漸變化，大家心裡都很難過，原本還擔心不知道要怎麼和他談生死，沒想到他居然比誰都豁達，開始把東西都交代清楚，甚至把花園也處理乾淨，把空間騰了出來，好在家裡辦喪事。他把事情分配得有條有理，冷靜面對的態度，讓大家都自嘆弗如。

旅居澳洲的母親，不時會打電話慰問他，聽到母親談起姨丈把事情都安排好了，我想或許可以和他談一談生死的話題了。從開始研究生死學以來，我大約和六個有瀕死經驗的人談過話，他們的共同看法和體驗是，生命在死亡後依然繼續存在，因此活著時必須好好珍惜眼前的人事物，讓美好能延續到來生。他們也相信認真的活著就是對生命最大的回饋；自殺等逃避生命課題的手段，並不能解決真正的問題，既然活著就應該努力把握時時刻刻，把愛與光明帶到人間。

拿定主意後，我打了個電話到阿姨家，碰巧是姨丈接電話，聽到他的聲音難免感觸很大，但我還是開門見山把親眼見過有瀕死經驗的經歷，簡要的和他分享。

我告訴姨丈，他一生為人稱職，無論為人子、為人夫，對身邊的人都照顧得無微不至，活著既然心存正念，死後也應會往生善處，最重要的是放下心中的牽掛，畢竟曾有瀕死經驗的人所帶來的共同訊息是，死亡並不可怕，可怕的是活著的時候逃避生命的課題，沒有好好珍惜生命的際遇，沒有運用生命來創造美好的人我關係。

和患者分享對生死的宗教信念，其實須仔細斟酌，因為每個人都有不同的宗教和成長背景，千萬不能把自己的想法強加在別人身上，所以要慎選適當的時機，才能和患者談論生死靈性的議題。在醫學院中，我甚至教導學生，如果患者帶著生死靈性疑惑的問題來看診，醫師不能乘機宣揚自己的生死靈性信念，因為如果處理不當，會造成患者更大的疑惑。醫師該做的是對患者的疑惑保持高度的興趣，引導患者反思自己的文化與宗教靈性的成長歷程，引導患者回歸於他們相應的生死哲理與生命道途。

舉例來說，澳洲的安寧照顧病房，通常會有基督教的神職人員，他們在探訪患者時會表明宗教身分，如果患者沒有進一步的表示，他們就只會做一般性的探視。尊重患者的宗教選擇非常重要，尤其在臨終的時候，患者已經身心俱疲，我們又何忍把自己的信念強加在他的病體上，徒增他們的困擾？

我所以和姨丈分享生死理念，是因為我了解他有民俗信仰的背景，所以知道他能接受我的解釋。其實不論什麼宗教都好，重點是活著的過程若能盡心無悔，在面對死亡的時刻，心情也必然是自在坦然的。很感激能有這麼一位對生死看得開的長輩，希望每個人活著的時候也都能盡心盡力，走的時候也能自在安詳。

善終是很多人希望達到的境界，真正的安寧，關鍵須從生活中的心念下工夫，長養內心自在的能力。離開人世的時候，遺憾會相對減少很多。

勤修清淨波羅蜜，恆不忘失菩提心，滅除障垢無有餘，一切妙行皆成就。
與諸惑業及魔境，世間道中得解脫，猶如蓮花不著水，亦如明月不住空。

《普賢行願品》

莊柳鶯／人生行腳

把握孝親時限

認識逾二十年的大學同學，他的母親去世，同學感慨的表示很希望能有多一點時間陪伴母親，如今「樹欲靜而風不止」，讓人感傷。聽了同學這一席話，不禁讓人心有戚戚焉，雖身為人子，卻也兼具為人夫、為人父，以及為人部屬等身分，在生活中要把這麼多角色同時扮演好，實屬不易。一旦遇到生離死別，誰都希望能再多一點時間相聚，可惜的是時間無法倒轉，一切無法重來。

近幾年來，我的父母也雙雙邁入八十大關，自己不覺步入了所謂的「三明治世代」，也就是上有長輩、下有晚輩的夾層人生。身處三明治世代，如果想把所有的角色都做到百分百的完美，很可能會蠟燭兩頭燒，最後負荷不了而耗竭，這不單會導致重要的事情無法達成，也會連累到身邊的人。遇到這樣的問題，是否得重新思考什麼是百分百？一天只有二十四小時，三分之一花在睡眠，剩下的時間，的確很難滿足身邊所有的人事需求。不過我們可以努力的是，盡力用心做到當下的百分百。

也就是說，如果撥出時間和家人相處，就要提醒自己完全用心和家人在一起。說來似乎容易，但是在手機、電視、網際網路唾手可得的年代，要把這些讓人分心的現代科技器具放下，專心與身邊的人同在，必須真正用心才做得到。

很多時候，我們都沒有真正珍惜當下，所以才會在事情過後追悔不已。如果在相聚的當下能百分百投入，過後也只是追悔沒有更多的時間，但是對於曾經擁有的當下卻是無悔的。

現代人生活忙碌，即使擁有三頭六臂，還是窮於應付現實生活，所以如果決定了要挪出時間陪伴家人，就要信守承諾，在相處的時間中盡可能排除外務，一心一意的陪伴與傾聽。

許多人因為生活所需，不得不離鄉背井，看到同學思念與母親相處的時光，讓身在海外的我也深有所感。但礙於現實，只能對自己承諾，至少與家人同在的時候，要好好把握相處的時刻。

最近從澳洲到臺灣和印尼開會，其中有行程過境馬來西亞，在千里往返之中，我特意要求印尼的主辦單位讓我離開臺灣後，晚一天抵達印尼，這樣就可以在過境吉隆坡的當天，在好朋友郭林氣功莎亞南站羅會長的專程接送下，趕回二〇〇公里遠的怡保探望父親。

在返鄉的十多個小時中，我住在父親安養院附近的酒店，把握機會看了他老人家三次，隔天清晨再驅車回機場，繼續未完的行程。父親對我的到訪甚為欣喜，臨別前，我握著他的手道別，雖然難免感傷，但自己也已經盡力減少遺憾了。

人生旅程的任何際遇都是有時限的，在眾多的時限中，最讓人不捨的就是父母每日消逝的時限，所以我們應好好珍惜與家人相聚的時間，全心把握點點滴滴，讓至親笑展歡顏，為未來減少追悔。

有憾人生

在生死教育中，我們經常強調如何向瀕死者學習生活。在澳洲曾經照顧臨終病人的護理人員 Bronnie Ware，就把她與臨終病人的互動、觀察及心得寫成了一本書。Bronnie 發現部分的臨終病人會對自己所活過的生命抱有遺憾。她把臨終病人們的遺憾歸類成五：

第一：臨終病人，會希望自己有勇氣去過忠於自己而不是別人所期許的生活。簡而言之，臨終病人就是遺憾沒有活出自己。其實這是大家都必須面對的生命主題，因為我們對自己生活的看法，往往不一定符合周遭人對我們的期許。要能堅持忠於自己、活出自己，真的是必須要有很多的勇氣！

第二：遺憾自己花太多時間在工作上而忽略了家人，擁有這樣遺憾的臨終病人大多是男性。人真的很容易在日常的忙碌中忘記生命的優先順序而本末倒置；與親友相處的時間是有限的，一旦錯過，不可復得。於是有些臨終病人會慨嘆，自己因為過分的忙於工作，而錯過了生命中其他的珍貴經歷。

第三：遺憾沒有勇氣向周遭的人表達他們真正的感受。老實說，如何適時表達真是生命很大的學問。我們常說「愛在心裡要說出來」，正面的感受必須即時表達，負面的感受也須適時表露，我們周遭的人才能比較了解我們真正的感受。

第四：遺憾自己沒有和好友保持聯繫。這是我們大家的通病，我們常想還有機會、還有時間，殊不知無常迅速，一旦錯失時機，就只能徒呼慨嘆了！

第五：最後也是最讓人感慨的，臨終病人遺憾沒有讓自己活得更快樂。乍看之下，這似乎是說他們應該更努力或更上進讓自己快樂生活，其實並非如此。這遺憾指的是，在他們走到生命的盡頭時，才驚覺原來快樂從來都是生命的選項。也就是說，當遇到生命中不可避免的考驗時，我們可以選擇懊惱以對，也可以選擇從容沉靜，我們可以選擇怨天尤人，也可以選擇以正面樂觀的態度看待考驗。

我常說，居住在大城市之中的人，如果能把塞車當成是正面修養的時機，則他們的生活品質必定會大有提升。試想如果每天至少有一個小時花在塞車，在這每天不可避免的一個小時中，如若可以從對塞車環境的不滿，改成聆聽喜歡的音樂，回顧一天的生活點滴，感恩生命中的人事物，不是更美好？

人生有憾畢竟是常情，但是人生無憾，的確可以當做生命的目標！就讓我們向這些臨終者的生死智慧學習，從今天就開始用心生活，預防可避免的人生遺憾吧！

與生命挫折應對

當一位醫學教育工作者，我經常提醒自己要珍惜與學生相處的時間。原因很簡單，天下無不散的筵席。抱著這樣的心態，讓我尤其珍視為即將畢業的醫學生，上最後一堂課的機緣。這最後一堂課的主題，主要是引導他們思考，自己是不是準備好隔年要當醫師。其中一個很重要的題目是，他們將如何面對臨床工作，患者病情起伏，甚至死亡帶來的挫折。

面對生命的挫折，最重要的是我們本身心理的恢復力堅強度，與周遭環境的支持度。意思是，我們的心理能承受多少生命的挫折，在挫折發生後如何恢復，在面對挫折的時候，有沒有支持的網絡？畢竟再堅強的人，都有需要身邊的人扶一把的時候。回到一開始的問題，我希望學生能在走入臨床之前，多思考一下生死，並且有所準備。如此一旦遭遇大的挫折，他們能有好的朋友、師長聆聽他們的感受，協助他們走出挫折。

有則新聞，有位中二學生被班上誤會作弊而輕生，我母親一直為這則新聞所困擾。過了兩天，母親都還耿耿於懷。當我詢問她為什麼難過時，她說曾經做過老師（二十多年的小學教師），我和姐姐兩人也在醫學院做孺子牛，如果不幸輕生的是我們的學生，那是情何以堪？聽了母親的感慨，我只能說學習如何與生命的挫折應對，真的是太重要！

在醫學院，我常和學生們說念醫學的人，大部分都是完美主義者。尤其他們在學習生涯上都是出類拔萃，完美而又經常成功的人。在面對挫折的時候，尤其危險與脆弱，如果平日沒有思考這個課題並做好心理建設，一旦事情發生，難免會承受巨大的心理壓力。

其實要學習與面對生命的挫折，最重要的是從生活上的小挫折開始。當一些小事情做不好時，學習不要放在心上。告訴自己，最重要的是能從錯誤中學習，畢竟悔恨無益，唯有避免下一次的錯誤，才是辦法。犯了錯誤，可以學習自我調侃，開一開自己的玩笑，不要把事情看得太認真；如此一來，遇到挫折，我們即能負起應有的責任，也能對自己有必要的寬容，因為過分的自責，只會讓自己心力交瘁。再來就是在生活上的平衡，能在生活中忙碌之餘，有一些放鬆的時間與活動，如此才能讓我們的心靈好好充電，並重新投入生活。

母親的哀傷提點了我，大家在生活上，要能多關心自己，也要彼此照顧。在面對挫折，要謹記越是想不開，越是要開口尋求協助！

助念助人助己

還記得第一次參加助念是七〇年代，奶奶肺癌病重，當時我約莫七、八歲。奶奶重病從醫院被帶回家裡等待往生。奶奶是二次大戰前的高中生，是個有學識的現代婦女，她一生親近很多高僧，甚為虔敬，所以在她往生之前，我們會幫她助念也是順理成章的事。

在奶奶的病榻前，我體會了人生第一次的助念。當時大人沒有和我這孩子解釋助念，我覺得大概就是大人要讓我不會在房子裡跑來跑去吧！奶奶病得不輕，但是她臨命終的那幾天並沒有很多的掙扎，所以助念的過程算是平順。現在回想起來，年少無知的我，因為助念而覺得自己在奶奶的死亡中，有了一個角色，那就是念佛幫助奶奶往生西方極樂世界！所以會覺得助念是一件好事。

奶奶往生之後，雖然我參與好幾次的短期出家，對於法會和佛門的儀式也不陌生，但是好些年我並沒有什麼參加助念的因緣。印象比較深刻的是，有一次父親的朋友病危，我們也去助念，父親的朋友是肝癌末期，因為肝臟衰竭而陷入意識混亂，那一次的助念經驗，在某個層面來說滿嚇人。病危者因為黃疸，通身都是黃色，雙目泛黃、眼神呆滯、呼吸喘促、入出息的音量很大，而且因為意識混亂，不時囈語喊叫。目睹這樣的掙扎還要裝著安心念佛，根本不可能！當時心裡對於家屬和臨終病人，都有很多的不捨。看著他們，可以理解生離死別真的是一種刻骨銘心的煎熬。

之後就讀醫學院在醫院見習，也曾經參與癌末患者的助念。我記得有因緣照顧過一位骨癌患者以及家屬，在他陷入昏迷後，我們為他助念。難得的是因為患者和家屬都已經有心理準備，患者彌留之際，固然有呼吸掙扎，但是整體而言是平順的。

開始鑽研生死學之後，雖然還是不常參與助念，但是也曾在電話中和臨終彌留的親人或佛友溝通，偶爾也會有因緣到臨終者病榻前和他們說話。此外很多時候，我主要的任務還是引導家屬如何協助瀕死者面對生死。

轉眼從我第一次參與助念到現在，四十年的光景過去了。如果說心得，還是回歸到平日的生死覺察與生命覺醒。生死覺察，就是要能覺察到生死無常真的是生命真實的一部分。生命覺醒，則是透過生死覺察而對自己生命的覺醒，這覺醒讓我們深刻的明白到，參究與實踐生命目標的重要性。有了覺察與覺醒，當我們須面對周遭的人與自己的生死時，心會相對的安定。這時候就比較能體會到《心經》所說「心無罣礙，無罣礙故，無有恐怖，遠離顛倒夢想」的意義。抱持這樣的心來助念，就更能安定臨終病人以及家屬的心緒了。

助念看起來是助人，實際上真正獲益的還是自己。如有因緣參與助念，千萬要把握這生死覺察與生命覺醒的機會。

感念所有曾讓我參與他們生死旅程的亡者與家屬。祝願他們一切平安吉祥，遠離顛倒夢想！

善終是一生的功課

醫學院開學已經一個多月，偶然間有位新生問了我一個問題：「臨床上如果看到病人瀕臨死亡而產生種種痛苦，該怎麼辦？」看到學生殷切的眼神，很欣慰他能感同身受為臨終病人著想，但同時也須審慎的引導學生，讓他覺知醫者其實並非萬能，雖然可以儘量用藥物緩解病患身體上的痛苦，也可以真心關懷患者，減輕心理的負擔掛念，但是「善終」本身其實是個人一生的功課！

這並不是指醫師沒有辦法協助臨終病人得到善終，而是如果個人能為自己的生死多考量，一旦走到人生盡頭，就能更灑脫的面對生命的最後去處。

快樂不在於未來，如果無法在生活的當下覺察美好，無法看到眼前活著的奇妙，總是寄望以後有了什麼才能快樂，即使真的得到了夢寐以求的事物，我們依然很難真正快樂，因為我們的心早已又寄望其他外在事物了。所以說心安才是活在當下的目標，我們必須經常覺察當下的心有哪裡感到不安，並進一步看到不安的起源。

舉例而言，有些人在大眾面前講話會感到焦慮甚至恐慌，最後演變成對身邊的人發脾氣。但是當進一步覺照，或許會發現焦慮的源頭是因為害怕別人對自己的評斷。如果能經常覺察自己負面行為背後的原因，就能免於無意識的情緒干擾，久而久之自然就能心安。當每一天的心安時刻越來越長，心平氣和的時間也會跟著增加。

在心安的同時，也可以觀察自己能不能放下，對身邊的人有沒有耐煩；當我們增加包容的同時，也可以思量自己到底有多少慈悲。若能如此，種種正面的生命態度就會逐漸獲得滋養增長，這也就是為自己的善終下工夫。

提倡生死覺醒與生命教育，就是希望每個人活著的時候多開發心靈成長，工作和財富固然重要，但心靈花園更不可荒廢。如果能花一生的時間修習安心、放下、包容和慈悲，人生旅途上必然會處處善緣，人生的善終也必能水到渠成。

雕琢生命的意義

醫學院有個特別的課程——醫療人際學（Human Skills for Medicine），課程主要是探討醫學中的人際藝術，也可以說是醫療人文（Humanistic Medicine）的實際操作。在我任教的大學，如果沒有通過醫療人際學的課程，醫學的預科生就不能更上一層樓，進入醫學系。

旁人或許會覺得我掌管這門居生殺大權的課程，大概是威風八面，其實我每年的心情都是感激又感激的。原因是，能和一群這麼傑出的年輕人互為師生，在他們踏上成為醫者之途的第一站相遇，那是何其難能可貴的因緣！

和學生的互動當中，我們關注在如何引導他們學習雕琢生命的意義。原因是某些學生是因為成績好才進入醫學預備課程的，他們對於自己的生命的意義及未來，還有很大的塑造空間。為了達到這目標，我很鼓勵他們在課堂上分享自己為什麼要當醫師的心得，希望藉此讓他們能相互學習與激勵。

在分享中，我發現有些學生真的是從很小的年齡，就感受到自己身在澳洲的幸福，以及落後國家的苦難。他們很自然的覺得生命的意義在於回饋與付出。而醫師這行業，就是其中最好的選擇。學生這想法，和近年來頗為盛行的正向心理學的研究結果是一致的。正向心理學認為生命意義的創造，其中一個重要因素是在於能對身邊的人事物有所付出，但是很重要的一點是，必須是帶有自我照顧的智慧付出，也就是說在付出的當下，付出者也必須把自己的身心照顧好，唯有如此付出才能持久，而付出者也才不會過勞。

其實對生命意義的反思不只適用於課堂，也適用於日常。可惜的是，如果沒有經常性的反思，我們很容易就會迷失在生活之中。一旦迷失，後續所做的抉擇，很可能就會與我們生命的理念背道而馳。加上每個人在生活的過程中，偶爾都會遭遇挫折、打擊，對生命意義適當的反思，會讓我們繼續堅持自己的初衷。協助我們認識到是否必須為自己的生命意義，尋求不同的表達途徑。

生命意義的反思所以重要，是當個人在面對生命的終點時，如果對自己這輩子所雕琢的生命的意義感到滿意，要放手也就不會那麼艱難。只是如果平常沒有反思的習慣，死到臨頭，就難免會有悔不當初的感慨！

去中有來

王以亮／雲與海的交響

死如秋葉

「一個幻軀能幾時，為他閒事長無明！」

發現生命的色彩，接受這些顏色變化。

第三章 圈起生命的圓

畫上生命的小句點

二〇一五年為了洽談建教合作，陪同 Griffith 大學副校長 Allan Cripps 教授前往香港及臺灣拜訪各大學，行程上也安排了母校高雄醫學大學。想起第一次踏足臺灣，轉眼至今已經二十四年了。每次到臺灣都會和一些老朋友相聚，但此次行程匆忙，有機會見面的人不多，短短的相會，更覺得分外可貴。

這一次感觸頗深的是，見到一些近十年未謀面的朋友與師長，此外也有機會重遊一些故地，走在校園中，除了想起當年的年少氣盛，也藉此機會為某些生命的經歷畫上小句點。

這包括——不忘向應該說謝謝的人致上謝意，如果因緣合適，也向過去和自己有衝突的人，送上寬恕或說聲抱歉。除了對別人，也對自己說聲感恩，更重要的是對自己的過去送上寬恕。年輕的時候，或多或少做了一些悔不當初的事情，走過來時路，如果能對這些過去畫上小句點，就可以寬恕自己，走向未來。

試想如果不擅長在生命的過程中畫上小句點，當生死大限在最後關頭逼近時，帶著那麼多的愛恨情仇糾葛，如何能自在面對生命的大句點呢？其實，每一個小句點雖然是結束，卻也是生命的開始。小句點畫得越多，表示越能放下過去，如此走在未來的路上，心情更能輕鬆自在。

港臺之行結束後，我轉往澳洲，前往新南威爾斯州的 New Castel，參加年度紐澳醫療教育會議。此次會議是和亞洲醫學教育會議聯合辦理，因緣際會在會議上遇見一九九二年在高醫教導解剖學的劉克明教授。

能見到老師自是非常欣喜，但由於會議時程緊湊，必須發表研究成果及主持討論，所以彼此只能短暫寒暄、擦身而過。到了會議最後一天，好不容易找到一個機會和老師坐下來多聊幾句。臨別之際，我緊緊握著老師的手說：「謝謝您當年幫我為研究所寫推薦函，如果沒有您的推薦，我也無法進研究所讀生死學，也就沒有今天的我了。」

在雙手緊握之下，我為這一段美好的際遇畫了一個小句點，讓老師知道我的真心感謝。

大家花些時間想一想，生命中有哪些小句點還等待著你下筆？於你有恩的人，你有沒有說上一句簡單的謝謝，提供一份溫馨的問候？在心中已經原諒的人，有沒有製造因緣和對方說聲沒關係？這些點點滴滴的感恩與寬恕，其實會讓我們活得更踏實、更自在，期望每一個人都能把握因緣，畫上生命的小句點。

時間到了就應該放手

生離死別是人生路途上最教人難以承受的打擊，面臨親人的生死關頭，必然會有相當複雜的情緒。身為家屬，可能會產生憤怒、愧疚、哀傷及無奈接受等心理反應。

這種憤怒的情緒，或許是針對他人，也可能針對自己，甚至是自身的信仰，例如怨懟親人怎可如此忍心拋棄我們、懷疑自己信奉的宗教、懷疑自己抱持的理念等。經常聽到有人質疑：「他是一個大好人，怎會有如此下場？」原本好好的一個人，如果驟然患上絕症或是意外逝世，旁人會覺得激憤不解。

此外，還可能產生的感受就是愧疚，愧疚自己過去虧待對方、愧疚自己沒有提醒對方應該注意身體、愧疚自己以前沒有給予對方更多關心和照顧、愧疚如今已經沒有機會彌補過錯。如果憤怒是一場火山爆發，愧疚則是腐蝕心靈的強酸，逝者的家屬可能會反覆沉溺在愧疚自責的情緒循環，週而復始難以解脫，尤其若遇到生死攸關的事情，涉事者往往會悔於事情無可挽回而深深自責。

面對生離死別而心生哀傷，雖是人之常情，但唯有敞開胸懷接納哀傷，才可能獲得療癒，任何對哀傷的迴避和漠視，都只會造成更大的創傷。須留意的是，自身的哀傷源自何處？是捨不得逝者曾帶給我們種種的正面影響，還是憂心自己從此何去何從？

印度著名的哲學家克里希那穆提在接見一位哀傷的寡婦時，詢問該名痛不欲生的婦人為何如此憂傷，婦人說先生死得很可憐，克氏聽聞答覆後，再問她是否願意面對自己哀傷的事實，婦人表示願意，並懇求克氏開示指引。克氏說：「妳其實是在為自己哀傷！」

我母親在二〇一六年被診斷罹患肺癌，手術後的追蹤，在一年半後就發現了疑似轉移的情況，經過一年的持續檢查，終於證實了轉移的壞消息，必須進一步接受放射治療。我在聞訊之初，心情難免起伏，反倒是母親比我坦然得多。這也讓我更深入的思考，我的哀傷其實是為了怕自己失去母親，多於為母親生病而哀傷啊！

一般人面對親友過世，最常說的話就是「您死了我怎麼辦」、「您死了我依靠誰」、「您死了我也不想活了」。我曾經看過一些個案，臨終病人對自己的病情相當泰然，反而是身邊的人不願放手；臨終病人已經準備接受生命的變化，但身邊的人動輒哭鬧狂悲，不然則是鎮日魂不守舍，令臨終病人看了比生病還要難過，心中的糾結比身體的煎熬更為難忍。

這些不願意放手的家屬口口聲聲為了臨終病人哀傷，其實是為自己的苦難抱不平，仔細想想這對患者又何嘗公平？與其將時間花在愧疚、不甘上，不如珍惜手中所有，讓臨終病人有一段美好無悔的最後時光，將彼此的愛坦誠分享、彼此的恨悉數消融、彼此的美擴大昇華、彼此的緣留作來生，生死如此，生活亦然。

其實在生死交關之際，有諸多心理反應都屬正常，只是如果沉溺過久，堅持不願接受事實而躲在自怨自艾的陰影中，往往會帶來更多困擾。做為家屬，當時間到了，就應該要懂得放手，因為生死既然已在眼前，過度的憤怒、愧疚和哀傷不但於事無補，往往只會造成患者更大的困擾。

我們之所以會陷入上述難以割捨的僵局，其實都和缺乏死亡教育這件事息息相關，由於社會文化忌諱討論死亡，因此面對死亡時驚慌失措，也是意料中事了。

大家不妨捫心自問，所有的情緒對於臨終病人究竟是好是壞？能否誠實的以臨終病人最大的利益為出發點？臨終病人需要的是一份寧靜祥和，往事追悔無益，就讓我們奉上一份寧靜、送出一份祥和，在時間到了的時候，莊嚴恭敬的送親人走完生命的最後一程。

體悟生命循環

有一次和瑜伽老師張美泉到家鄉怡保極樂洞的山林運動，張老師深諳森林中的花草樹木，在言談之間，他摘了一朵白花給我，告知那是可以食用的，並特別提醒要先把花瓣掀高，因為在花瓣及花萼之間，常常也會有一些在吸食花蜜的小昆蟲。

我半信半疑的掀開花瓣，果真有隻小昆蟲就在其間。把昆蟲輕輕吹掉，將白花放入口中，白花清香淡雅。怡保青山翠綠，沐浴其中真是人間樂事。走到山邊發現有些小辣椒樹，張老師大概喜歡吃辣，所以也摘起了辣椒。

我在一旁看熱鬧，發現樹頂上辣椒繁茂，而且一片紅豔豔，就指著說：「上面的還可以採啊！」張老師笑了笑對我說：「都被我們採光了，小鳥吃什麼？把上面的留給小鳥吃，牠們吃了還會讓辣椒的種子隨處繼續播種！」

我聽到之後愣住了，鑽研了多年的生死學，怎麼連這麼簡單的生命循環概念都沒有？生命的過程不正是如此？「取所當取，捨所當捨」，應當拿的以感恩的心拿；應該捨的以歡喜的心捨，取捨之間一切自然。問題是我們在「得」的時候往往希望獲得更多，應「捨」的經常不願捨下，在汲汲營營的生活中，唯恐積聚不足，一旦面對象徵最後捨棄的死亡，心中的恐懼驚慌自然可想而知。

上一代的人因為完全接受信仰以及傳統文化對生死的詮釋，所以樂天知命，對生死反而能自然接受。但現代人因為科學知識突飛猛進，對於傳統信仰以及文化抱持了懷疑的態度，對於生死的真相更是霧裡看花，因此感到既神祕又帶幾分疑懼。

倘若暫時不論信仰，也先放下文化的角度，單單從自然看生命，是否能體會宋代文學家蘇東坡所說「溪聲盡是廣長舌，山色無非清淨身」的意義？蘇東坡的意思是，自然的溪流聲以及群峰的英姿，其實都是大自然在顯示生命的真理。也就是說，生死的大問題、生命最後的出路，其實在大自然之中都能讓我們有所體會。

而大自然展現的不是什麼奧妙精深的哲理，它所透露的訊息，往往是讓人們知道平衡生活的重要、萬物相連結的事實，當我們從知道走到體悟，一切就會很自然的展現，如同知道白花中會有小蟲，會把樹頂上的辣椒留給小鳥吃，只因心中懷有平等與包容。

其實生死的答案不在虛無縹緲中，而是在生活裡，但是不在追逐欲望的生活，而是在自然的生活當中。有機會多親近自然，在自然中能體會生命的得失、生活的取捨，唯有時刻以一顆感恩的心面對世界，以歡喜的心聆聽自然，以自然的心看待一切，當我們的生活自然，生死也就逐漸自然了。

讓生命自然來去

每年醫學院都會安排參訪澳洲的樂齡安養中心，希望讓學生學習如何和年邁患者對話。從過去的經驗顯示，這些未來的醫師大都覺得收穫良多，他們往往被這些樂齡的智者感動，並從長者身上學習到不少生命智慧。

這學期參訪其中一處安養中心時，驚訝的發現院內有一位專門負責臨終關懷的護理師，因為這些年來，臨終關懷的發展大致仍集中在醫院或安寧照顧的機構。在老人院安置這樣的人員，就經濟及人力資源而言，是相當大的花費。於是我把握機會，邀請這位安寧護理師和學生對話。

當我詢問安寧護理師 Carmel 有關她的工作考驗時，她的回答讓我感慨良多。她表示，根據這些年的經驗，大約知道哪些老人已經時日無多，但有時候如果患者的病情突然變壞，而且又是在下班之後，待命醫師通常會建議直接送往大醫院急診。

殊不知，急診是治療緊急病況的地方，對於生命已走向盡頭的年邁者而言，他們需要的是留在熟悉的地方，不受太多醫療介入，安靜走向生命的下一站。把老人送往急診，對他們來說實在是很大的干擾。尤其急診的處理目標往往是保命，結果命是保住了，實際上卻是延長老人的死亡過程。Carmel 無奈的說，老人在出院之後，沒多久又得再經歷一次這樣的過程。想到這裡，很為那些困在垂死與延生惡性循環的老人家感到不捨。

如果有選擇，相信大部分的人都寧願「死一次」就好了，對於不必要的「死去活來」的煎熬，沒有人願意體驗。要怎樣做到這一點？從社會教育上，必須繼續不斷的推廣生死教育與生命教育，讓大家都有更健康、更正面的生死觀。不要因為忌諱死亡，而對必終的生命作無意義的延長。

所以我們對於自己的生死必須好好交代及溝通，交代是讓身邊的人知道自己的意願，溝通則是讓家人明白為什麼我們會做這樣的決定。至於人生最後的旅程，我的老師南華大學生死學教授慧開法師倡議，應該立定目標，希望能夠無疾而終。也就是說，我們應該立志要自然離世，而不是在病榻上煎熬得死去活來。

要做到無疾而終，活著的時候就必須注重養生及養心，養生不是懼死而求長生不老，而是從自然的角度尊重肉體老化的歷程；養心也不是掩耳盜鈴無視人間疾苦，而是對自己念頭的來去逐漸清楚，讓佛光山星雲大師所倡導的「做好事、說好話、存好心」，成為自己生命的自然狀態。如此才能讓自然而來的身體，最後也能自然而去。雖然這不易做到，但至少方向正確。

真正落實養生及養心，是為了創造祥和社會而努力，唯有祥和的時代，才能安養身心，達到善生善死的目標。

守護喪親者

曾有段時間醫學院接二連三有同事的親人去世；有些是久病十數年在床，有些是逐漸老化，有些很不幸的是英年早逝。其中一位同事，在親人的葬禮前一天打電話給我，他問我能不能找人給他代課，他還說如果不能的話，他還是會來上班。我連忙告訴他千萬不要擔心！我說如果找不到人，會自己給他代課。我負責的這門課程，一共有十位老師，我身為課程主管，因為要確定所有的課程順暢，所以是不教課的。他聽到我願意替他代課，就更不好意思了。就在他忙著解釋及致歉的時候，我對他說：「我們在醫學院教導學生要能設身處地了解患者的處境和需要，今天很不幸的和你年紀相近的表哥去世了，我們怎麼能不讓你出席葬禮？我們身為教育者更必須以身作則啊！」同事聽了若有所悟，也就沒有再堅持要來上班了。

在這急速發展的社會中，很多時候我們對身旁面對哀傷的人的關注及支持是會降低的。因為凡事講求效率，空間和彈性自然就減少了。舉例來說，澳洲有些地方，喪假才兩天，如果放在東方社會，那是絕對不夠用的。另外一個現代的現象就是人們對喪親者往往不知所措，於是見到喪親者回來上班，也不曉得要說什麼。即使是弔唁的卡片，有些人也會說就以公司名義寫好了，不要個別寫，為什麼不要個別寫？因為不曉得要寫什麼，也不希望要面對這樣的情緒。

所以說到最後，我們對生死的議題還是不自在。一位才喪父的同事有一次問我：「有沒有可以準備面對死亡的書可以看？」因為她不曉得要在哪裡找這樣的資料。在她父親去世之前，我們還談到如何向臨終者告別；她說兄弟姐妹那麼多，都沒有機會和父親好好的談話及告白。我說如果環境不允許，妳只能儘量爭取和把握時機，再不然就把妳心裡的話向天說，讓妳的信仰和愛轉達給父親。身為天主教徒的同事，聽到這裡已經溼眼眶，我緩緩的走向她的辦公桌，給了她一個深深的擁抱。在我離開她的辦公室前，她對我說：「能談論這個課題，真是太感謝你了！」

生死真的是環繞在我們生命的周遭，我們唯一能做的就是不斷的學習面對這必然的生命真實。在我們學習面對生死的過程中，我們會看到人與人之間相互關懷的美好，可以體驗到生者與臨終者和解的感動，了解到面對其實真的是比逃避容易多了。多向身邊的喪親者伸出援手及關懷，也祝福大家有更多的勇氣及智慧面對生命的考驗！

談報喪

在醫學教育中，訓練醫學生如何執行「困難病情告知」是相當重要的。我們花很多時間教育學生有關困難病情告知的程序。但是在我做生死學演講推廣的過程中，我發現報喪（死訊告知）也是非常重要的。我還記得二十多年前，外婆在馬來西亞的家鄉怡保往生，遠在英國的阿姨完全被蒙在鼓裡，家人接到了她的飛機後，一路上對她顧左右而言他，甚至矇騙她說外婆已經出院回家在等著見她，一直到車子開到家門，阿姨看到街口指引喪居的白蠟燭，心頭一沉知道媽媽去世了，接下來她是一路嚎啕大哭著走進家門，哀傷不能自已。

每當我被聽眾或家屬問及如何報喪？尤其是越洋報喪，其實這是極不好處理的情況。原因是每個人的性格與生死詮釋都不一樣。曾有一位聽眾，在聆聽了我的生死學講座後和家人聯繫，她告訴家人她即將出國旅行，如果她九十多歲的母親在她出國期間往生，她是完全不要被告知的，因為她寧可好好度假之後再回來處理。這在很多人心中或許會覺得是匪夷所思的，媽媽死了居然要度完假再說？但是換個角度而言，不管這決定讓人的觀感如何，至少這位聽眾很誠實的表達了她自己的需要和想法。

所以當我被問及要如何報喪的時候，我第一個問題是：「接受訊息的人，性格和生死觀是什麼？」很多時候提問者很難給我一個答覆。因為他們在家裡很少討論生死，所以都不曉得應該如何回應我。當遇到這種情況，就要考量這個家庭過去對生死的信仰與文化了。當然如果大家的信仰不同，考量層面就更複雜。

然而大家也不要對報喪不知所措，過程中如果能把握一些關鍵，或許就不會那麼困難了。首先要注意的是被告知者接受訊息的環境。就用我阿姨的例子，現在如果我來報喪，在接了阿姨的飛機後，會把她先帶到一個安靜的地方，等她安頓下來再和她報喪。但是我對外婆身亡的來龍去脈要很清楚，這樣才可以第一時間為阿姨釋疑。她知悉後可能會有種種情緒反應，我必須讓她有時間和機會先消化訊息，再輔以適合她的信仰或心態調整（念佛、誦經諸如此類），然後再帶她回喪居。另外，先給報喪者提醒很重要，不建議報喪時開門見山說「某某死了」，比較建議的說法是：「阿姨，我有個壞消息要和妳說（稍做停頓，確定對方知道接下來的是壞消息）。」然後再進一步說：「阿姨，我們都很希望外婆還和我們在一起，但是事實是，外婆上個星期已經死了（再做停頓看聽者的反應）。」有了提醒再給予壞消息，讓聽者至少有點心理準備。告知之後就是澄清疑慮，支持情緒並且商討下一步的方案，這過程中必須儘量讓被告知者參與決定，但是如果人多口雜意見太多，也須有人出來綜合想法做出決定。

這些困境，還是回歸到平日要有生死覺醒與生死討論。很多時候我們雖然知道生死無常，但是那還只是局限於道理上的理解，知道生死真的發生的時候，我們才會驚覺自己的準備不足。當然不是說一定要整天談生論死，希望的是我們能有多一些生死覺察，如此在生死的面前，我們就會多一份內在安定的能力，來面對生離死別的衝擊。

已知與未知

此文寫於二〇一五年作者母親肺癌發現之初

母親這些年來都跟著我和姐姐住在澳洲，算一算也滿十年了。最近常看到快八十歲的老母親，上下樓梯會氣喘，就想說是不是她的心臟的問題；所以會這麼想，是因為外婆是死於心肌肥大而導致的心臟衰竭。因為自己的疑慮，所以就帶了母親去做心臟檢查，結果母親的運動心電圖報告非常好。倒是醫師注意到她的心肺X光片上，左肺部有個小小的陰影，為求慎重起見，就做了心肺電腦斷層掃描。

每一次母親做健康檢查我們都很放心，原因是她生活作息正常，三餐吃得也健康清淡，所以根本沒有想到會有什麼大毛病。結果出乎意料，母親斷層掃描的報告指出肺部陰影疑似發炎或是小癌症腫瘤。

聽到消息當下，我感到很震驚！雖說我鑽研生死學多年，無預警得知母親可能罹患癌症，還真的是讓我措手不及；再加上醫師的用詞是「疑似」，也就是說可能是發炎、可能是舊疾（肺結核），當然也可能是癌症；因為這「疑似」，讓我覺得擺在眼前的是個未知的大問號。醫師能做的就是繼續觀察、繼續檢驗、繼續討論，只是就是沒有一個明確的結論。

面對母親病情的不明朗，我們的生活陷入了一定程度的不安。這經歷讓我開始檢視我們生命中的未知與已知。經歷一番思索後，我忽然發現，生命中很多看起來是已知的事情，原來都是未知的。簡單來說，上班族每天上班、家庭主婦每天持家，看起來都是已知，實際上包含著無數未知的可能情況；任何一個環節出錯，原本計畫的事情就生變了。只是為了方便生活，我們喜歡把日子當成已知來過，說起來真的有點自欺欺人，一旦遇到生命不可臆測的變化，我們的已知就全變成未知了。老實說，生命中唯一確定的已知是，每個活著的人，最後終究都必須面對死亡。

所以說，要面對生死其實必須從認識到生命中的已知（死亡）開始，進而學習與生命中的未知相處。母親的疑似診斷發生兩個月後，繼續檢驗、持續追蹤，醫師還是沒有確切的答覆。面對著這些未知，我們能做的就是把握生活的當下，應該交代的，講清楚說明白；難以放下的，開始學習放手。

身為一位生死學者、一位醫師以及一個兒子，與母親走在這未知的生死探險途上，我學習到的是，省思死亡，真的是可以豐厚生命。畢竟死亡不會因為我們害怕而消逝，但是遺憾會因為我們願意面對死亡而遞減。此刻的我，就像是死亡的學生，牽著近八十歲母親的手，一步一步走向璀璨的夕陽，在無限好中與母親共同面對生命的未知。

母親的生死實習課

二〇一六年母親因肺癌接受了左肺部分切除手術，過程一切順利，但是途中有個插曲。接受手術後，循慣例要住到加護病房做術後觀察，兩晚之後母親被轉到普通病房，大家都鬆了一口氣。孰料隔天清晨，母親忽然心跳加快，一度超越每分鐘一百七十下。

母親事後回憶說，當時可以感受到心跳的急促，平常習慣念佛的她，居然一句佛號都念不出來，只能在心中默求佛祖接引。看到醫護人員都很緊張，她一度覺得或許可能就這樣死去。幸好母親的心臟對治療很有反應，沒多久心跳速度就恢復正常了。

我接到通知趕到醫院時，母親已經被轉到心臟照護病房，雖然她的情況已經穩定，但是母親一見到我還是馬上叮囑我，如果一旦心跳停止，不要實施心肺復甦術。我馬上把值班的住院醫師請來，在母親面前向醫師說明母親的意願。醫師聽完後向我保證，她會把母親的意願詳實的寫在病歷上。

在醫療團隊有效的治療以及來自各方的祝福下，母親的病況逐漸進步，一週後就出院了，前後留院時間共十二天。這一段過程讓我反思，在生死迫切的關頭，如果平常沒有思考或討論生死，手忙腳亂是可以預見的。尤其當至親面對生死掙扎，在不捨的心情之下，如果不清楚患者本身的意願，必然希望醫師救治到底，但很多時候，到底救治指的是什麼？對沒有醫療背景的人而言很難想像。一旦親人在緊急救治後陷入生死進退兩難的情況，家人的心情就更複雜了。

就母親的情況，不論我們再如何不捨，都必須尊重患者的意願。過程和決定看似簡單，但如果沒有事先包含家屬的參與和詳盡討論，落實不急救的做法其實是困難重重的。

如今慶幸母親已經出院，也可以出外活動了。回想母親這一次的開刀與住院，其實是讓我上了一堂生死實習課。原來面對生死準備，還真的是馬虎不得。希望人們平常把握機會思考及談論生死議題，講清楚說明白後，接下來就是好好珍惜當下的生活。人生苦短，就讓我們活時快樂，走時灑脫！

取捨須要練習以及在生命中實踐。在生活的微細處，開始思維取捨；在智慧的覺照下，學會放手。

常者有盡，高者易墮，合會有離，生者有死。

《法句經》

陳代樺／備忘錄

天天都會死 日日都要活

從二〇一五年五月開始，我們就對母親的心肺健康有疑慮，轉眼已經有四年的時間了，這四年裡，我們陪著母親從未知診斷、確診肺癌、手術切除，到現在腫瘤轉移須進行放射治療，癌症已經是一種慢性病；醫療的進步代表著癌症患者與家屬要學習與癌共舞，這樣的觀念轉變真的是非常重要。

舉個例子來說，今年三月和母親去黃金海岸大學醫院的腫瘤科看正子造影（正電子放射斷層攝影，Positron Emission Tomography，簡稱 PET Scan）檢查報告。腫瘤科的醫師 Mark 曾經是我的學生。Mark 帶來的好消息是母親的腫瘤沒有增長，而且對於偵測物質也沒有反應。所以現階段是繼續追蹤無須治療。這表示直到下一次檢查之前，我們可以稍稍鬆口氣。母親聽到好消息忍不住笑了出來。還記得當天走出醫院我心裡有一句話，那就是「天天都會死，日日都要活」，也就是說當我們可以接受每一天生死自然的事實，縱然可能無力與無奈，我們都應該依然秉持著日日都要活的心態，把握珍惜當下，發揮自己活著的價值。

轉眼三個月的檢查時間又到了，這一次腫瘤科的主任親自看診，檢查顯示腫瘤有稍微的增長，所以醫師決定要開始準備放射治療了。回顧這六個月的歷程，我們從去年年底的須考量治療，到今年三月的暫緩觀察，然後現在準備要開始治療。這樣的「劇情」起伏，如果沒有很好的心理建設，真的是難以消化。所以說癌症患者和家屬真的要有處變不驚的高超能耐。

面對病情這樣的轉變，還是回歸到我三個月前的心得：「天天都會死，日日都要活。」只要我們能接受天天都會死的事實，生命中很多的考驗都是可以面對處理的。在接受天天都會死的事實之後，只要我們一天還沒有死，當然就可以繼續擁抱日日都要活！生命的有限再再啟示著生命的可貴，在生死修練的過程，希望我們能體悟到生命的精華。原來在接受生命真實之前的不情不願，是如此的耗費心神，在接受了生死真實之後的豁然開朗，是如此的自在舒適。

話雖如此，在生離死別的當下當然還是會哀傷。只是在這之前，我們每一天都是盡力的坦誠真實、把握珍惜，那生命的遺憾相對就少了。說到底，接受天天都會死，是一種透澈生命的安詳自在；積極擁抱日日都要活，是積極享受生命的璀璨火花。

悲欣交集

日前受邀到佛光山的西澳道場演講，提及母親一九八九年因脊椎軟骨壓迫神經的開刀的經驗，由於當初如果手術失敗會導致頸部以下癱瘓，所以說到傷心處一時潸然淚下，有些聽眾不知所措，有的陪著我淚如雨下，而我當時的心情，只能以悲欣交集來形容。

高僧弘一大師在逝世之前，就是以「悲欣交集」來表達心中的感受。我的心境修為自然無法與弘一大師相提並論。大師的悲，應該是感嘆天下蒼生無止境的輪迴沉沒，我的悲不過是想到自己和親人的苦痛。大師的欣，自然是因為一生在佛學和修行上無愧於世，我的欣是因為母親熬過手術至今仍健在。兩者之間的格局雖有天淵之別，但值得玩味的是，不論是證悟高僧或是平凡小民，對生命的變化都有著悲欣交集的感懷。

其實，面對生死就是體悟悲欣交集，在生離死別、悲傷逾恆的同時，回首人生的路途，也可以感到欣喜無悔。癌症末期的患者雖然感傷失去了生命的活力，但是當他們坐在安寧病房的花園裡或是自家的庭園、陽臺，面容或許仍有一絲微笑，讓他們微笑的可以是微風、可以是陽光，也可以是義工和親友的關懷呵護。對生命感到悲哀的同時，欣喜似乎也不曾離我們遠去，了解生命和死亡的人，應該以悲欣交集的態度面對生活。

母親在兩年半前切除的左肺肺癌，最近在右肺偵測到癌細胞轉移的蹤跡。想到八十多歲的母親還要繼續接受治療，心中自然會感懷悲傷。話雖如此，這轉移的腫瘤只有零點六公分那麼小，現代的醫療科技如此進步，能在這個時代生病，或許也是一件好事。所以說悲中有欣，欣中有悲，真的是悲欣交集啊！

因此，悲欣交集代表著接受哀傷的存在，代表著生命的喜悅並非遙不可及。能夠接受生命悲欣交集的事實，就能夠在生死之際自在從容。面對哀傷和沉溺悲慟是不一樣的，面對哀傷是接受變化的事實，沉溺悲慟則是不願接受生命變化，如此也將很難看到未來的光明。平復哀傷需要時間，但是更需要全然接納，在全然的接納之中，悲欣交集自會生起。

弘一大師的悲欣交集，是超凡脫俗中對世人的慈念；吾人的悲欣交集，是感懷生命中的好壞都是一半一半的事實。悲欣交集代表對生命的感恩及感嘆，悲欣交集也讓我們懂得珍惜擁有，體悟生命的變化無常，看到黑暗中蘊含的曙光。

生命中的悲，不管是社會問題、人心變化，還是生離死別，都在教導我們學習如何在風雨中穩住陣腳；生命中的喜悅無論大小，都在告訴我們世界的美好和人心的善良，能夠看到這一點，就能學習以無怨無悔的心面對悲欣交集的人生，在短短的數十寒暑中對世界常懷悲心，為人間留下貢獻，為自己編織喜悅，為後世種下希望。

生死實習與實踐

二〇一八年十月，母親被醫師告知兩年半前切除的左肺肺癌，已轉移到右肺，並有零點六公分的大小。聞訊當下，母親看似淡定，大姐慶幸轉移的腫瘤發現得早，而我雖然有心理準備，卻還是感受到失望與無力。

隔天和母親談到此事，母親說當晚作了一夜的惡夢，好幾次都從惡夢中驚醒，覺得人年紀大了，恐懼來襲的時候，只有一句「我佛慈悲」能作依怙。母親的心情會有這樣的起伏，也是人之常情。

三天後，母親和我說，她已經恢復正常作息了，晚上八點睡覺，凌晨四點即。起在言談中，母親提起了她的後事，我和母親說後事必須要有我們四兄姐弟的共識，所以我鼓勵母親要和大家說。在談話的同一天，母親就在臉書的家庭群組中，寫下了以下一連串的訊息：

二〇一八年十月二十六日（母親）

大家好！忙碌的一天，過半了，坐下來好好和你們聊一下。這次右肺的事，讓我更加清楚，如果我有什麼問題，不要搶救、不要插管，讓我平靜的走，什麼事也不用做。把我的遺體送往教學醫院，造福醫學生，你們不用擔心。無須葬禮，訃聞不用發，誰都不用奔喪，平時你們的愛心已經足夠了，就讓我安心的走，記得一切從簡，在那裡往生都一樣。如果在這裡（澳洲），姐姐和弟弟會處理；如在大馬（馬來西亞），廣頌（大哥）一家人會聽從我的遺願。如果醫院不接受遺體，就送去火化，骨灰撒往大海，什麼儀式都不需要。明白嗎？從簡！我會走得安詳，祝福我！媽媽愛你們！

二〇一八年十月二十七日（母親）

大家早，有你們真的好幸福！今天又是豔陽天，陽光普照大地，一切美好，享受工作、健康、簡單，愉悅的生活，看看四周，感受自己的幸福！祝福你們順意的日子輕鬆過，我沒事，早起在喝咖啡，昨天忙了一天，今天會好好的休息。

二〇一八年十月二十七日（我）

老媽交代了後事……隔天的臉書訊息就若無其事了……大家的心情還在七上八下，她卻說週六在喝咖啡了……

二〇一八年十月二十七日（母親）

哈哈！媽媽壞心眼，該打！其實我會難過，但想想死亡誰都必須面對，何不好好說清楚、講明白？只是希望你們的愛心，能夠讓我如願，安詳、清淨的走，更讓你們有心理準備，同樣學習面對。感恩有你們，媽媽愛你們。

二〇一八年十月二十七日（我）

很感謝媽媽和我們分享自己罹患癌症的感受。是的，我們的情緒都會有起伏，我們當然會聽從媽媽的意願，謝謝媽媽的叮嚀。

二〇一八年十月二十七日（母親）

廣志，感恩有你們大家的體諒！媽媽會安心的繼續生活在自在中。抱抱！愛你們！

二〇一八年十月二十七日（我）

是的，媽媽現在安心最重要。

從以上對話不難發現，母親對後事做了很清楚的交代。其實我們所以能這樣坦然談生死，是因為在母親的生命歷程中，有超過十次以上的開刀經驗，對於生死學，母親是和我同時開始熏習的。經過二十年的思考與討論，現在真的面對母親的生死，雖然還是會覺得傷心難過，但是也更真切的知道開啟對話與互動的重要性。

我需要明白的是學習面對生死不代表不會哀傷，更不代表能夠馬上完全看透放下，我們只是努力的逐步移除可以被避免的遺憾。藉此文章希望以母親為例，鼓勵大家面對生死、談論生死，然後在生命中實踐自己的生死理念，能安排的盡早安排，能避免的盡早避免，讓生死少一些遺憾，讓生命多一些坦然。

走向生命的慈悲與安詳

收到一封臺灣的朋友駿緯的來信，經同意後節錄如下：

廣志，您好：

昨晚十點十三分，我奶奶往生了，接到醫院的電話通知，趕至醫院時，奶奶雖然已無呼吸，但還有微弱的脈搏，我和妹妹、媽媽都守在她的身邊。媽媽跟奶奶說：「你要好好的往生，我們會為你辦好所有後事，不要擔心掛念……」說著說著……媽媽哭了起來，我安慰她，不能在往生的人身旁哭泣。

說也奇怪，昨晚在醫院裡一點也不覺得悲傷，也許是觀察室內的醫師、護士、閒雜人等眾多；也或許是近三個星期看到奶奶備受病苦折磨，我相信能順利往生，對奶奶是最好的方式。

還記得第一次哭，是收到醫師的第一張病危通知單，那時醫師要我考慮，要在奶奶剩最後一口氣時接回家或繼續留院。現在一般重病的人應該都是在醫院往生，似乎很少病危再接回家，當時我的念頭一轉，想到奶奶若在醫院過世，往生後的靈魂會不會迷路、會不會回不了家？一想到這裡，眼淚就止不住，抬頭望見站在床頭的妹妹，她也在流淚，不知是否跟我也有一樣的想法？

辦完手續，接奶奶的遺體到市立殯儀館，回到家已近午夜十二點。我在門口點了小燈，將奶奶房間的燈點上，稍微清掃一下，拿臺錄音機重複播放佛經，最後將頂樓佛桌的燈關掉。我聽說人往生後第七晚才會回家，昨天雖然是第一晚，但我仍在大門口開了燈，小妹問我為何這麼做？我說這是習俗，其實心裡一直擔心奶奶會找不到回家的路。

昨晚全家人都在媽媽的房裡一起睡，但我一直睡不著，想到奶奶從今天起永遠不在人世了，眼淚就流了下來；但轉念一想，這樣對奶奶何嘗不是一種解脫，心裡又覺得很安詳，就在矛盾夾雜眼淚的複雜心情下，漸漸入睡。

其實我滿自責的，長久以來和奶奶最親的人是我，但對奶奶的健康卻一無所知，一直認為她身體的痠疼是老人家自然的病痛。這段時間在醫院裡，雖然自己也生著病，但照顧奶奶無怨無悔，而且心中有種慈悲、安詳的感覺，或許自覺這是此生最後能為奶奶做的事了。

感謝奶奶在臨終前能讓我照顧她，讓我發現自己心中的慈悲，我想所謂的菩薩，應該就是時時刻刻都能對眾生抱持這種慈悲心的人吧！

從駿緯的來函可以看到死亡真的是生命的老師，生離死別的痛苦是巨大的，朋友的情緒時而悲傷、時而平靜；時而為亡者找不到回家的路而擔心、時而為自己的淡漠感到愧疚，但就在他真實面對自己情緒的當下，不同的情緒漸漸止息，最後生起的是慈悲和安詳。這並非表示朋友不會再哀傷，只是在不抗拒的情況下，他感受到平靜與祥和，因為在照顧奶奶的過程中無怨無悔，所以心中釋然；而在坦然接受的當下，他發現了慈悲。

當我們願意接受死亡的教導，會發現死亡送給我們的禮物是懂得及時關懷、付出，以及永恆的慈悲，只是忙碌的世人往往難以體會，只有在死亡現前時才震驚愧疚。希望朋友的來信能喚起人們對死亡的關注，珍惜手中所有，對自己的本分勇於承擔，以坦然的心走向生命本來具有的慈悲與安詳。

面對死亡終會成為每人每天的生活真實，過程中能長養對自己和他人的慈悲；安住在心性本來的安詳之中，將能協助自己和他人更從容的面對生死。

一切有為法，如夢幻泡影，如露亦如電，應作如是觀。

《金剛經》

林夏蓮／飛飛入想

呼吸之間

受邀參加學生的畢業典禮後，其中一位畢業生載我回校園，途中記起該名學生的父親罹患癌症，於是問候她父親的情形，才問完，學生已淚眼模糊。

她本身是一名護士，對生死本不陌生，但是當自己必須面對的時候，仍難免深受撼動，悲傷不已。她一面開車一面拭淚的說：「老師，您知道嗎？我現在唯有麻痺自己，才能處理眼前的事務……」說罷又是一連串的淚水。

我靜靜的聆聽，緩和的深呼吸，當一位安靜沉默的聽眾，聆聽她哀傷的心緒之流。在一呼一吸之間，車子裡雖然迴盪著學生的啜泣聲，但同時也有一股支持包容的力量，容許這位身兼三個孩子的媽媽、剛剛畢業的醫師，以及全職的職業婦女，有一個放下生活擔子、流露心中哀情的空間。

在課堂裡，我教導學生如何面對哀傷、處理憤怒、體會包容與慈悲；我們用繪畫、音聲、舞步、戲劇等方法，更了解自身情緒的變化，但這一切，在此時此刻都派不上用場，能派上用場的只有呼吸，而事實上，深呼吸是所有技巧中最簡單卻又最不容易駕馭的。

這是因為我們日常中平靜的時間少，混亂的時間多，試想我們鎮日在柴米油鹽醬醋茶之間打轉，又有什麼時間可以好好的深呼吸，真正平靜的與自己相處呢？既然平日沒有深呼吸，也沒有與平靜相處的習慣，碰到事情必然會手忙腳亂，在不知所措的情況下，呼吸很容易變得平淺而緊湊，也讓自己更加緊張。

很多人見到別人哭泣時，往往會不知所措，希望能夠做些什麼安慰對方。有時候平靜的支持，往往是當事人最需要的。坐在車子裡，我感覺到學生需要的不是什麼專業技巧，而是理解和支持。於是我看了看她，說道：「有時候我們什麼都不能做，只能如實面對。」她點頭表示：「是啊，只能如實的面對。」簡單的說：「如實面對就是接受事實，但並非壓抑式、逃避式的接受，而是如實的接受。」

如實，就是以誠實面對的態度，體會及接受生死是生命的一部分；當我們面對生死的態度有多誠懇，生命就有多真實，而這一份誠懇與真實無法用思考來獲得，只能用生命去體會。面對情緒起伏的當下，往往是最好的體會時機，而深呼吸更是其中最好的方法。

或許有人疑惑，難道只要深呼吸，所有問題就都能解決？雖然答案並非如此，但如果要在氣急敗壞及深呼吸之間做個抉擇，哪一種態度才是面對事情最好的方式？雖然學生的父親不會因為我們深呼吸，就奇蹟式的復原，她的哀傷也不會在深呼吸之中馬上煙消雲散，但是那天晚上我下車時，看到她眼中雖然有淚，卻也多了一份清澈。

哀傷的路或許漫長，我給了她一個擁抱，祝願她能在一呼一吸之間，如實的走過自己哀傷的歷程，走向內心的光明平靜與自在。

念念分明 死亡無懼

有些讀者看完我二〇〇四年出版的第一本書《與死神喝下午茶》後，覺得更懂得珍惜生命，認為非常受用。但家鄉有位長輩看完後對我說：「你雖然把死亡的議題挑了起來，可是我還是很害怕死亡，你並沒有指示什麼方法可以讓我們不怕死啊！」

這是一個好問題。在傳統信仰及文化之中，有關死亡的儀式提供了很多幫助，讓生死均能相安。但值得留意的是，當儀式的功能被無限擴大解釋，會讓人錯以為這是死亡解脫最重要也是唯一的路徑。

人們常冀望在死亡邊緣的當下，是不是能有些特別的方法，可以逃離死亡的恐懼，這也就是長輩所謂的「什麼方法才可以不怕死」。但過度關注臨死之前的儀式，只會淡化生活態度對死亡恐懼的影響和重要性。人們認為死亡的解脫應該完全仰賴專業的宗教師，卻不了解其實生命和死亡是一體兩面，其實我們面對生命的方式，往往就是最後能否無懼於死亡的關鍵。

不同的宗教文化，對死亡前的儀式、活動均各有主張，而臨終者和家屬通過這些方法，或多或少都會獲得內心的平安、信心、依靠、清楚、自在等感受。各個宗教無不堅持自己的方法才是真正的得救道途，但生死學的觀點則是——當事人的生死信念，以及心中對生命的體悟，才是最根本的關鍵。

我的長輩信仰虔誠且相信死後有生命，我自然是順應鼓勵她繼續從事其宗教活動。但是當她提及有什麼不怕死的方法時，我們必須釐清的是，生命態度和死亡品質的關係密不可分，除了關注宗教儀式，更重要的是應領悟如何把宗教的精髓，如大愛慈悲、光明智慧等心法，和自己的生命真實誠懇的結合。

舉例來說，一位平日經常抱持感恩心的人，在面對死亡時，縱然護士態度比較不禮貌、實習醫師技術較生疏，但因為常懷感恩心的習慣，患者不但不容易起煩惱，反而可以輕易的從感恩中獲得內心的平靜，如此照顧者的壓力，無形中也會減少。一位在平日生活面對種種問題考驗時，都能真正心平氣和的人，走到生命盡頭也會是一位好相處的病人。當然如果這個人平日是道貌岸然、口是心非的話，在生死關頭之際，也會因為沒有心力偽裝而表露其真面目。

已故的生死學倡導者傅偉勳教授的理念是，生死學不排除死後有生命的說法，但生死學認為生命的當下才是最重要的。因為生命的當下是寬恕過去的樞紐，也是創造未來光明的通路。如果對自己每一天、每一個當下的念頭都能儘量分明，更能將正面的信念貫穿在日常生活中。

傅偉勳教授建議現代人應抱持純一簡易的生死信念，也就是簡單有力的生命態度，例如佛光山星雲大師所倡導的「存好心、說好話、做好事」，詞句簡單清楚，個中的妙用，也唯有力行者才能真正體會領悟。

一棵往西邊生長的大樹，被砍伐後必然會朝西方倒下，砍伐的角度或許會稍微影響樹倒下的方向，但是大樹本身經年累月生長的方向，才是最重要的關鍵。當我們煩惱死亡的恐懼時，更應該關注的是心中的大樹正朝著哪一個方向生長。如果生命一直都朝著真善美生長，如果活著的目標是學習寬恕、分享愛與希望，如果生命沒有遺憾，想必對死亡就也沒有那麼多恐懼了。

除了思想上面對生死的調整，我們也須在身體上下工夫。簡單的深呼吸，多透過身體感官接觸大自然，眼看藍天、耳聽鳥語、鼻嗅花香、臉拂清風，如果我們能讓身體多與自然共鳴，即使心中偶爾會有生死的恐懼，但恐懼駐足的時間也是有限的，因為身體的安穩會引導心靈的沉澱，讓妄念無法生根。

話說回來，我不敢說自己不怕死，尤其這幾年母親罹患肺癌，父親也因為腸道大出血而住院，死亡可說是在我的日常生活中常相左右。正因為對死亡的畏懼，我們必須更努力體會生活，擁抱真實的生命經驗，從自然中體會生命的流序，從人我相處中圓融自己的修養，把自己信仰的真實精神在生活中實踐，這才是解決死亡恐懼的根本之道。

活著真好！

「活著真好」這一句話相信很多人都聽過，但是事實上我們能真的體會活著有多好嗎？舉例來說，一般人在早上見到彼此，都會問候對方好不好，大部分的時候，我們都會說「好」。但是當更進一步的仔細觀察自己的情緒時，我們真的覺得「好」嗎？「人無遠慮，必有近憂。」要真的過心無掛礙的「好」日子，還得下一些工夫才行。不然我們的生活很容易就籠罩在遠慮與近憂之間，如此「活著真好」就變得遙不可及了。

我在醫學院的同事 Liz Fitzmaurice 醫師，是一位很開朗的紐西蘭人。最近她和大家分享如何養兒育女時提到，她和先生與孩子有個約定。如果孩子考試成績不理想，她和先生會出錢，讓孩子帶三兩好友出外用餐。你或許會覺得很奇怪，怎麼考不好爸爸媽媽還請客呢？Liz 的想法是，孩子必須學習失敗是成功不可或缺的經驗。所以考試考不好，就是很好的失敗體驗。但是他們對孩子在出外用餐時有一個規定，孩子必須在朋友面前，輕輕的掐一下自己的手背，然後對著朋友說：「I am still alive, isn't that great？」（原來我還活著，這不真是太棒了嗎？）我還記得在聽到 Liz 描述的時候，我真的是百感交集。原因是在我的成長教育中，考不好就等於是大禍臨頭了！根本不敢想像父母會掏錢讓你請客，更不用說讓你反省原來生命中，有許多比考試成績還要來得重要的事情！

Liz 對孩子的教育，和生死教育有雷同的地方。那就是生命中，考驗和挫敗是不可避免的，我們必須誠實的面對生命的挑戰。思考死亡是希望讓我們學習珍惜生命，讓我們明白活著真好！可惜的是，我們往往自我囚困在生活諸多的瑣事之中，我們沒有時間，也忘了提醒自己，原來活著真好！

要體會活著真好，首先必須學習欣賞生命中的美好。那怕只是路旁的一朵小花、天邊的一抹彩霞、陌生人的一個笑容、對自己的一個肯定。這些生命中的點滴，都能讓我們體會到活著的美好。雖說活著真好，我們也必須誠實接納生命是喜憂參半的。自然中有一半白天、一半夜晚，所以在喜的時候，我們慶祝活著真好，在憂的時候，我們更要珍惜活著真好。如果總覺得自己長時間鬱悶不悅，那就必須尋求專業的協助了。

最後，身為成年人，我們肩負著形塑下一代的思想觀念的重要責任。如果能在每一天抽一些時間，思考並與身邊的人分享活著的美好，孩子在耳濡目染之下，就能從根本中體會生命的美好！希望你在看完這文章後，能把眼睛闔起來，好好的深呼吸，把心打開體會，並把生命的美好展現在笑顏之中！

有緣相對 無言以對

曾在澳洲的書局看過一本書，書名是《當您無話可說的時候可以講的一百句話》，看到標題不禁莞爾一笑，心中想到其實生命中真的有不少場景令人無言以對，甚至往往會說錯話導致場面極度尷尬。

對於讓人不知道要說什麼的場面而言，最常見的可能是探病或生離死別的場合，因為一般人對於離別和死亡總是心懷憂懼，平時若無法面對個人的死亡和失落的情緒，一旦遇到他人之死與哀傷的時候，往往會無言以對。

其實，面對死亡和哀傷的場景時，身為旁人最重要的，是必須表現坦然接受事實的態度，對於死亡和哀傷不予迴避，如此才不會和喪親的朋友講說一些不著邊際的客套話，諸如「節哀順變」、「我相信他現在一定很快樂，你就不要難過了」、「這是必然的，要放下才能自在，你不應該傷心」等等。

如果仔細思考，不難發現這些對話之中都透露著同樣的訊息，就是傷心是不對的，面對死亡要趕快走過情緒的過渡期，不要回頭，儘量往正面想，不要去面對內在的哀傷。殊不知這些以石壓草的方式，只會造成哀傷情緒的壓抑，對於正經歷生離死別的人而言，幫助實在有限。

話說回來，在面對他人的失落時，我們慰問的通則就是接受情緒、表達同理。例如「雖然我也曾經歷親人的死亡，但是我實在不能想像您的哀傷」、「如果想哭就哭出來吧，對亡者而言可能是一種解脫，但對家屬而言，傷心難過是自然的」。必要的時候，甚至你可以分享自己對逝者的想念，諸如「您的母親真是一個慈祥和藹的長輩」、「我永遠都會懷念您父親做事正直無私的一面」、「你姐姐的蛋糕真是無人能出其右」、「你弟弟的手工實在是太精巧了」。在言談之中，讓逝者的親人知道亡者的好，以及大家會想念他們的地方。

在這裡只能舉一些例子，真正重要的是，我們能否坦然接受死亡和失落，以及能否以慈悲心同理喪親者的心情。如果我們能誠實接受生死無常是生命自然的規律，明白生離死別的真切痛楚，在與面對死亡和哀傷的人相處的時候，就會多一份內在包容與支持的空間。因為我們不再害怕從他們身上看到自己的迴避與恐懼，不再害怕和他們的討論會引發自己壓抑的哀傷。只要我們願意接受自己的恐懼和哀傷，就有能力為這些正在經歷死亡恐懼和分離哀傷的人，提供一個哀傷的心理空間了。

有時候，一顆敞開的心真的勝過千言萬語，誠懇關懷和莊重沉默的態度，會讓喪親者感受到莫大的支持。

學習生活　學習死亡

獸醫摯友Christopher Leon，找我幫忙為他朋友的狗兒施行安樂死。身為一位生死學者及悲傷輔導師，我自是在所不辭。在生死覺醒的推廣中，我常提倡把握生死的教育時機，尤其在孩子的成長過程，他們對死亡的態度，往往受到身邊親人很大的影響。

抵達後，我看到狗狗的主人擁抱病危的狗兒，淚流滿面、泣不成聲，主人的母親和女兒也在現場，所有人都籠罩在愁雲慘霧之中。主人看到我們進來後，更是悲戚不已，因為我們走得越近，意謂狗兒在人世的時間就越短了。

待我們坐下後，主人問能否等待他的外甥與外甥女趕到現場，我們立刻應允，並說明讓孩子有時間和機會，與心愛的寵物道別很重要，這會幫助孩子處理寵物死亡的哀傷，進而也會幫助他們面對親人好友的生死課題。

就在我們準備好之後，孩子們抵達了，進門的是一位年約五歲的女孩和約八、九歲的哥哥。男孩很快的走到狗兒面前，一面哭泣，一面撫摸狗兒的頭；妹妹卻顯得不知所措，躲在大人身後繼續流淚，但是說什麼都不願意靠近狗兒。

在幾番勸說之下，她索性轉身走向後花園，不斷飲泣拒絕道別。主人的母親無助的看著我，於是我站了起來，走過去彎下腰對女孩說：「我可以給妳一個擁抱嗎？」她沒有拒絕，我抱著她的時候對她說：「妳覺得傷心難過是正常的，妳那麼疼愛狗狗，自然不願意看到牠離去啊！」語畢，女孩即放聲大哭。

我沒有阻止孩子宣洩情緒，只是重複讓孩子知道傷心是正常的。過了一會，女孩的哭泣漸漸緩和，我握著她的手說：「我們去向狗狗說再見好嗎？」她點了點頭，和我走進屋裡，並撫著狗兒的頭說再見。

最後，在部分家人到場的情況下，一行人在佛號聲中把狗兒送上路；選擇不要留在現場的人，則坐在後花園中聆聽佛號。當過程圓滿，主人給了我們深深的擁抱致謝。

回顧這個經歷，對我而言，這就是生活中生死教育的具體實踐。如果可以引導孩子面對寵物的死亡，孩子至少不會對死亡全然陌生，當親人過世時，孩子至少曾有與寵物死別的體驗來面對挑戰。生死是生命自然的一部分，就讓孩子在哀傷的時候，提供協助，讓孩子學習在心痛中自在告別吧！

走向生死 走向真心

受邀回到母校高雄醫學大學的附設醫院演講，對象是生死和安寧療護工作有興趣的醫護人員，講題為「走向生死走向真心」，與會的醫護人員想了解在面對生死的當下，有什麼技巧可以幫助他們面對患者和家屬。

這讓我想起一套陳年英語影片，內容敘述一對年輕的戀人希望共結連理，但是礙於膚色問題，家人諸多反對，贊成和反對者各持己見，僵持不下。贊成年輕人結婚的母親愁眉深鎖，反對婚姻的父親則在旁賭氣，此時一位身為神職人員的家族好友說了句耐人尋味的話，他說：「在我的專業裡，有許多安慰人度過難關的話，但是看到眼前的景象，真的是無言以對啊！」

做父親的原本還想和妻子溝通，但妻子拍了拍先生的膝蓋說：「你沒聽到神父的話嗎？就讓我靜一靜吧！」看到這裡讓我感觸良多，這部少說也有三十年歷史的影片，居然能有如此開明的陪伴技巧、沉默的支持，真是太難得了。

醫護人員由於長期習慣理性思考和程序操作，解決問題時都會依序步驟、講究方法，但是當我們長期陷入「一定要做什麼」（doing）的迷思之中，就會忽視不做什麼而是純然的「如是」（being）有時其實才是最好的處理方式。

根據小兒科醫師的看法和自己的經驗，有時讓小朋友或成年的患者流一下鼻水、咳嗽或是拉肚子，並不是壞事，因為累積在體內的毒素總要有排泄的管道，但是家屬往往會要求醫師把患者的症狀都用藥物控制，完全無視於其必要性。同樣的，在生死的場域中，我們都希望能「做」些什麼，卻不知道「不做」什麼也是一種方法。有時候，除了給予精神上的支持，並不能再多做什麼，甚至精神上沉默的支持，反而才是最有效果的「做法」。

此外，另外一個問題就是，為什麼我們老是想要做什麼呢？這可能是因為我們無法誠實面對生死，甚至是竭盡所能的抗拒生死。要從「做」中解脫並「如是」的當一名沉默的支持者，首先必須坦然接受生死的真實。影片中的神父接受自己無言以對的真實當下，反而比還想說什麼的先生更能支持太太；同樣的，一位願意嘗試接受生死的人，應該會比抗拒生死的人更能提供臨終者協助，這是臨床醫護人員，尤其是安寧照顧者必須要有的認知。

認識生死，其實就是打破虛幻的生命假相與迷思；認識生死，就是誠懇的接受失落和哀傷；認識生死，就是知道生命有限，學習珍惜當下的一切；認識生死，就是認識自己的真心，而真心是有苦有淚、是坦然誠懇、是喜樂光明，更是謙虛而擇善固執。

走向生死，必須由真心出發，必須先走入自己，內心那一條自我認識的誠實之道。

我們都準備好了嗎？

準備愛到生命的盡頭

從事敘事療法工作的好友Linda Humphreys和我分享了一段她的見聞。事件中的患者，患了一種很特殊的癌症，治癒率雖不高，他卻是少數的倖存者。這雖是好消息，但因為這癌症的特殊性，患者還是經常生活在癌症隨時復發的恐懼當中；至於患者的太太，她本身也曾罹患癌症，但是她所患的癌症治癒率高，所以手術之後就被治癒了。病癒之後，太太對自己的癌症復發不懷恐懼，過了這些年，她已經不再把這事放在心上了。我們或許會以為，既然夫妻兩人都曾在鬼門關前打轉，想必更能彼此諒解、關愛，可惜事實並非如此。兩人雖都從癌症中康復，但是因為彼此截然不同的罹病歷程，加上面對疾病的態度的差異，導致彼此的摩擦日增。其中最大的原因是，走出癌症陰影的太太，對依然陷在癌症復發恐懼的丈夫非常的不理解。她把自己的經歷與想法加諸在丈夫身上，認為丈夫的恐懼是可以用理智超越的，原因無他，因為她自己就是這樣克服癌症的恐懼。秉持這樣的信念，這太太一有機會就會在公開場合數落自己的丈夫，可憐她那已經被診斷憂鬱症的先生，不但要與憂鬱症纏鬥，還得面對太太無止境的嫌棄，心情怎麼可能會開朗得起來？

當我聽到 Linda 的分享時，我心中不禁想到，一般人談戀愛論婚嫁，都會談到如何勾勒與對方的美好前程，他們往往覺得性格合得來很重要。有些人甚至認為，在未來有了孩子後，彼此的教養理念也必須契合才行。我很好奇的是，這些熱戀中的佳偶，他們對彼此的生死觀念與悲傷型態，又有多少理解？或許你會覺得婚姻是大喜的事情，不應該討論生生死死的話題。問題是，當我們選擇與對方共度餘生，無可避免的就會與對方一起面對生命中的生死與悲傷事件，如果沒有一定層度的彼此諒解，我們在面對生死的時候，很容易會覺得自己的伴侶完全不了解我們的心情，更不要談說支持我們的心理需要了。所以我的看法是，我們必須對自己的另一半的生死觀，至少要有一定的了解，如此才不會在愛到生命盡頭的時候，彼此感到孤立無援。

話說回來，先前提到的這個個案，太太的看法和先生的差距這麼大，最後的化解，還是要回歸到夫妻彼此之間的溝通。而這溝通的基礎，必須是帶著包容的心態去理解，俗話「一種米養百種人」是真的有道理的。正因為人有多樣性，我們必須學習如何從別人的角度看事情，如此才能避免在過度堅持己見下，傷害到自己最親近與深愛的人。

診前診後

我在醫學院的教學中，包括困難病情的告知與討論，這是有關如何協助病人接受負面病情診斷的報告，我常鼓勵學生設身處地的思量病人的感受。畢竟，大部分人等待檢驗報告的心情總是很忐忑的，尤其是如果已經有負面的徵兆，等報告的那一段時間，心裡難免會思前慮後。如果醫師能有多一點同理心，相信患者必定會感念醫者視病如親的關懷。

對於等待病情診斷，有些人的態度是不把事情放在心上，他們認為沒有最後的結果，再擔心也是多餘的。有些人則是想放下也放不了，因為生活中的牽掛多，一旦生病，影響根本無法想像，所以就難免擔憂。我的想法是，在診前，完全不去思考病情的人，或許可以略略思維，如此一旦壞消息傳來才不會措手不及。對於那些憂思難眠的人，我則鼓勵他們放開胸懷，因為過多的擔憂，不但於事無補，反而會阻礙我們眼前的生活。話說回來，診斷前的這段時間，其實是很好反省生命的時刻，讓我們有機會想一想，我們應該怎麼過日子。

至於診後如果是好消息的話，那就真的太值得高興了！高興之餘，重要的是在「重生」之後怎樣生活，不能因為沒事了，又回到過去那彷彿人生可以活千歲的生活態度，反之應當要把握這難得的機會，調整自己的生活型態與處事態度，讓自己的身心都能更健康圓滿！

萬一不幸診後是壞消息，那就必須好好的分析手上的訊息。唯有清楚了解病情的各個可能發展方向，我們才能決定下一步應該怎麼辦。只是有時候事情並不是那麼清楚明白，有些情況即便有了診斷；治療方法，還是在未定之天，這時候患者的意願就很重要了。我們身為親人固然希望患者能把握所有的治療機會，但是我們必須明白，接受治療的畢竟不是我們，躺在手術檯上的也不是我們，我們能做的就是幫助患者釐清治療選擇，陪伴他們做決定，然後支持他們所做的決定。在這過程中我們必須包容患者的舉棋不定，更要體諒患者有隨時變更治療決定的權利，畢竟生死事大，三心兩意是很正常的。身為陪伴者，我們須讓患者知道，他們的決定不應該是基於不要拖累身邊的人；他們的決定應該是他們心中真正想要的。因為如果我們的親人生病，我們哪一個人不是希望能盡力幫助他們？所以患者必須考量讓身邊的人有機會扮演助人者的角色，在做決定的時候，儘量忠於自己真心的需求。治療選擇，當然也包含選擇不接受治療，這都是患者的權利。

生死，真的是人生的一大挑戰，診前或診後都須要我們智慧以對。祝福每一位患者與家屬，能在生病的歷程中得到最大的支持與幫助，做出忠於自己的治療選擇。

第四章 情感校準

擁有希望的權利

時光飛逝如梭，轉眼又是新的一年，但對於接受安寧照顧「時日無多」的患者而言，我們應該抱持什麼樣的態度？在美國推行臨終關懷工作的大衛．凱斯勒（David Kessle），在其著作 The Right Of The Dying（《臨終者的權益》）的第一章，即提到臨終病人有權利心存希望，也有權利接受心存希望的看護者的照顧，即使病人希望的目標會一再的改變。

大衛指出，末期患者心中經常交替的是希望與恐懼，如果剝奪了患者的希望，留下來的就只剩恐懼了。記得自己曾與一名愛滋病患對話，他說到：「每次進來，都告訴自己不能被『打包』，很多人一失去希望就完了，但是我告訴自己不能失去希望！」當然那是很多年前的對話了，託醫療研究的突破，愛滋病現在已經是可以用藥物控制得非常好的慢性病了。

雖然不知道那位患者後來的病情如何，但是我永遠記得他當時臉上的神情，在充滿希望的當下，他的生命力比很多健康的人來得更加光明、更為燦爛。大部分懷抱希望的患者，可能會不斷遍尋各類偏方祕笈，但安寧照顧的看法則是，我們雖然肯定有臨床證據的另類療法的貢獻，但並不接受另類療法能凌駕具科學驗證的西方主流醫學治療。只是，在西方主流治療無法給予患者任何希望的時候，我們能否剝削患者懷抱希望的權利？

接受死亡和懷抱希望兩者看似衝突，一般人可能會認為接受死亡就是不再抱持任何希望。但是可不可以在接受死亡的時候，仍懷抱希望？誠如大衛所說「希望是一個過程不是終點，探索的過程才是希望的珍貴之處」，雖然希望痊癒是多數患者最大的期望，然而這並非是唯一的願望；隨著病情的變化，患者希望的焦點也會隨之改變，有人希望疾病的症狀能減輕、能夠過生日、能夠和家人相聚、能夠看到明天的太陽。

例如在被醫師告知母親肺癌復發的消息之前，兩年半的複診追蹤，我從來是懷抱希望的。直至被告知復發的消息，我固然失望傷心，現在面對母親進一步的治療，雖有擔憂，但是依然懷抱希望。只是我也必須接受這趟與癌共生的旅程，將會交替著希望與失望，這何嘗不是生命的真實呈現？

很重要的是，我們無須欺騙患者，給予他們虛幻的承諾，應該在他們發現生命於重重苦難之中還存有光明時，和他們一起欣賞、珍惜這一分光明。我們能否暫時放下理性的思考，不要忙著告訴他們死期已近，而是傾聽他們的希望和需要？畢竟我們不能將自己認為最完美的死亡程式套在患者的身上，應該反思能不能包容患者希望的無邪、絕望的孤獨、「為何是我」的憤怒，和節節敗退的頹喪？能不能體諒患者與病魔搏鬥得精疲力竭時，「保有希望」是他們唯一的心靈憩處？

最近身邊的人除了母親，又有一位朋友被診斷癌症，在診斷之前這位朋友對於自己的腫瘤是正向面對的，在獲得確切診斷後，他痛哭流涕。哭泣之後，他再次以積極的態度面對治療。我在三週的時間中，看著他的心情轉變，一直不斷的提醒自己，朋友的態度轉化和心情起伏，完全是他身為癌症患者的權利。我們能做的，就是陪伴與支持。

有一次，和母親將草藥偏方，拿給一名因器官衰竭導致腹部積水的朋友，雖然我對偏方抱持保守的態度，卻記得患者坐在客廳的躺椅上，雖面有倦容，看到我們卻很歡喜，收到母親手中的草藥時，患者既感激又快樂，還談到最近正嘗試哪一些自然食療。

沒多久，聽母親說他去世了，就在躺椅上於睡夢中離開。我不知道他的希望是什麼，但是很慶幸曾及時參與了他的希望，沒有剝奪他希望的權利，在我的腦海中，記得的將是他那歡喜的神情。末期的患者尚且不願放棄手中的希望，我們是否應該珍惜擁有希望的態度，將愛帶給自己，也將愛帶給世間？

我要回家

西澳的春天已經悄然而至，異鄉的百花齊放，但沒有淡化我對故鄉中秋節的回憶。年輕遊子固然喜歡浪漫的漂泊，只是每逢佳節倍思親卻是不爭的事實。雖然看起來外國的月亮似乎比較圓，然而每逢過節，想回家的念頭就會油然而生。

對很多人而言，回家並不是件困難的事，該辦的事辦完、孩子放學、上班族下班，劃過腦海的兩個字通常就是「回家」；只是對末期患者而言，回家，成為必須爭取的權利。

同學曾提到有位患者懇求出院回家，甚至以央求的口吻說：「醫師，如果您不讓我回家，我真的會死在這裡……」於是同學和家屬溝通，但家屬不知道如何處理瀕死患者，因此仍將患者留院。幾天後，患者就回天乏術、含憾而逝了。

近百年來，人們對於死亡議題的漠視和迴避，使得死亡被蒙上神祕的面紗，而醫療專業的介入無形中也排除了家屬的直接參與，這更讓大家對於死亡相關的症狀變化完全不了解。因此，碰到死亡只好交給專業，不論是醫療抑或殯葬，家屬只能扮演出錢的角色，長此以往，人們對死亡越來越不了解，如理所當然的衍生出對死亡的恐懼與迷思。

其實就東方的傳統而言，壽終正寢是福氣的象徵，試想如果要向世界道別，我們會選擇什麼地方？萬里長城？百老匯的大舞臺？還是自家的「狗窩」？相信多數人最理想的告別場所，應該還是在自家床上，兒女親友隨侍在側，含笑而逝。只是有這等福氣的人，現在實在越來越少了。

一般家屬遇到末期患者，大概只能讓醫師「處理」，比較有醫療知識的人，會要求將患者轉到安寧病房。對患者而言，安寧病房最主要的目的，是末期症狀的緩解，如果末期患者的主要不適都已經被處理，患者的意願就應該被尊重。醫療人員應該向家屬解釋末期患者彌留的症狀，例如陷入昏迷或自言自語，呼吸系統可能會在接近衰竭時發出類似掙扎的聲音，某些患者的大小便會出現失禁的現象。

面對這些情況，一般家屬只要稍具照顧經驗應該都能應付，畢竟在這個時候，患者需要的不是任何先進的醫療技術，而是親人的關懷和陪伴。面對臨床來生死考驗的家屬須培養發問的精神，醫療人員則須扮演教育者的角色，家屬遇到問題不要驚惶，若心懷恐懼疑惑，應該要發問澄清。其實，死亡是最好的生死教育題材，讓孩子也參與觀察死亡過程、了解死亡，才是正確的教育方向。

母親最近肺癌復發，在得到壞消息的當下，母親是沉默的，因為再怎麼有心理準備，在距離第一次開刀兩年半後，再次被告知要展開下一波的癌症治療歷程，心裡的感受自然是複雜的。隔天與母親的對話中，母親的態度基本上是遵照醫囑，但是言談中也斬釘截鐵的說，她絕對不要被急救，絕對不要插管，時間到了她堅拒無意義的拖延。她更進一步說，這個軀體能移植的移植，能捐贈教學的捐贈。這也算是她一生開了十一次手術，和接觸生死學二十多年的一些領悟吧！

黑暗不會自己離開，千年暗室一燈即明，燃起心中對患者關懷的明燈，和患者一起走過生命的幽谷，或許會發現原來死亡並不是那麼可怕，死亡只是生命過程的一個現象，固然悲痛、遺憾，但是不能讓恐懼吞噬心靈，應該要舉起愛的明燈，讓想回家的人回家吧！

圓夢無憾 生死自在

或許是一種巧合，《大家健康》的主編麗娟為我寫作的專欄取名《生死自在》，其實這正是安寧照顧的目標。生死自在的含義，簡言之就是生者和死者均能感到自在，不管在生理、心理抑或覺性的層次，個人都能免除痛苦及折磨，得以安住在自在安詳的境地，無所掛礙，無有恐怖。

記得第一次聽到有關安寧照顧的資訊，是在高雄醫學院上醫學倫理的課程，當時學校邀請臺灣安寧照顧運動的先驅趙可式教授講課，趙教授談吐文雅、笑容可掬，從她的講演中感到心有戚戚焉，因為她直指生命的陰暗及痛苦面，帶領我們拜訪生命最重要的領域——死亡。

從她的談話中，我發現安寧病房並不是冰冷孤單的，最後一刻並不一定是痛苦掙扎，死亡也可以有尊嚴、可以莊嚴感人。一則則感人肺腑的故事由她娓娓道來，一幕幕動人至深的畫面歷歷在目，讓大家明瞭原來生命中還有這麼一個地方，原來我們必須學習的還有那麼多。這場講演在一位年輕的醫學生心中，不但留下不可磨滅的印象，更在日後產生巨大的影響。

在趙博士的課程中，獲得相當多的啟示，其中最受用的一個，正是如何從死亡體察生命的意義。記得趙教授分享了一個故事，一位退休的老軍官因為癌症末期住進病房，在照顧過程中，趙教授發現老人家似乎還有未了的心願，原來老軍官自知時日無多，心中一直掛念著兩件事，一是兒子尚未成家，另一件則是自傳沒有印刷出版。

她和家屬討論的過程中發現，孩子雖已有對象，但是結婚還須時程規劃，因此無法提早，至於老人家的自傳，則礙於印刷費用龐大而無法實現。經過趙教授面授機宜，孩子決定先舉行結婚儀式，當天兒子和媳婦穿著結婚禮服站在床前，老軍官含淚目睹禮成，之後孩子更奉上一本精裝印刷的自傳，讓老軍官高興得合不攏嘴，笑著表示兩樁心事均告實現，他可以無憾赴生命最終的約會了。

其實生死要自在，首先必須不留遺憾，當患者有未了的心願，應該要讓對方將心中的話講清楚、說明白，在可行的範圍內幫助對方圓夢；但最重要的還是在活著時把握生活中的每一刻，凡事盡心完成，以免徒留遺憾。

爸爸請您不要哭

有時在講演中，會問聽眾一個問題：「最近一次的哭泣是什麼時候？」通常在外面看到孩子哭時，父母往往會有幾種反應，比較嚴厲的會對孩子說：「再哭就打你！」比較溫和的會說：「你還哭，別人都在笑你了。」不然就恩威並施：「別哭了，給你糖果，再哭就不理你了。」小朋友飽受威嚇利誘，只好噤聲止淚，但往往還是不斷抽泣。

社會上對於哭泣似乎不是那麼能接受，哭泣被貼上了懦弱、無能、濫情等標籤。還記得小時候如果哭了，周邊的人就會取個綽號：「又哭又笑」，在臺灣則會說「羞羞臉」。不知道是不是受了幼時的影響，反觀成人社會，不論是看到別人還是自己哭泣，一般人都會很不自然。與其說因為哭泣是一件不好的事，不如說我們不懂得如何面對哭泣。

有一次和朋友探訪臨終病人，病人因體弱不能言語，行動也不便，看到親人前來探視，不久就掉下眼淚，口中並呢喃出聲，雖然無法辨別語意，但是眼神和語調流露的哀傷，令人同情。此時家人向前說道：「爸爸，請你不要哭，你再哭我就要走了。」病人無助的望向家屬，努力將眼淚止住，但是不一會兒還是忍不住落淚，只見家屬也忍不住奪門而出，走到外面的陽臺痛哭流涕。

不明白家屬為什麼不希望病人哭泣，是因為哭泣於事無補，或是哭泣是懦弱？其實哭泣和笑一樣，都是一種自然反應。病人哭泣，是因為他有這樣的需求，一個行動不便、言語不通、頑疾纏身的人，在生死交關之際，自然是萬般不捨。也許有人認為，看著病人哭泣，不知道該怎麼辦。其實重點不是怎麼「辦」，而是該怎麼「伴」。

很多時候，我們都知道什麼是對的、什麼是「正常」的，但還是忍不住想哭，在哭的時候，需要的不是大道理，而是他人的認同和陪伴，需要的是接納哀傷的雙手和眼神。

哀傷不能用壓抑的方式處理，每個人都有自己的哀傷方式，而哭泣是其中一種。如果能夠讓他人適度流露哀傷，對方哭完之後，往往會像卸下重擔一般，因為眼淚能讓他看得更清楚、更明白。

有一本探討哀傷的圖畫書《淚湯》，內容是關於失落、流淚和如何度過哀傷。主角在書中透過淚之湯的烹調，分享自己的哀傷歷程，其中有一句話說：「煮好的淚之湯，放在冰箱裡，偶爾拿出來回味一下。」說明走過哀傷並不代表忘記過去，偶爾往事還是會湧上心頭，畢竟生活本就是喜樂參半，甚至苦多於樂，所以想哭的時候就大哭一場、煮一鍋淚之湯吧，畢竟唯有將憂傷釋放，才可以走更長遠的路。

最後一段路的陪伴

此文寫於二〇〇〇年初，今日馬來西亞舒緩醫療及臨終關懷皆有大幅進步

馬來西亞當地電臺想針對臨終關懷的議題來訪問我，由於自己的安寧療護背景大部分源自臺灣的醫療環境，恐無法反映國內的實情及需求，於是趁著回鄉之便，跑了一趟霹靂州舒緩醫療協會，拜訪曾有數面之緣，同時對我非常照顧的協會醫藥總監溫醫師。由於溫醫師從事安寧療護、臨終關懷已有很長一段時間，對於本地的臨終關懷工作有相當深入的了解，因此是了解舒緩醫療現況的最佳人選之一。

霹靂州舒緩醫療協會是一個非政府組織，主要提供州內癌末患者的居家療護工作，協會的醫護人員及義工會定時探訪病患，提供醫療的專業諮詢和藥物，以及生活的問題處理與心理的關懷支持。

從訪談中，知悉目前國內各地推動安寧照顧的非政府醫療組織有十七個，在政府

衛生部的諭令下，所有主要醫院均投入資源推動舒緩醫療，其中有些醫院表現相當亮眼，顯示國內有許多人士對推動尊嚴死、安寧療護、臨終關懷的工作極為用心。

我詢問溫醫師，在從事本地臨終關懷及舒緩醫療的工作中，她覺得最重要的關鍵在哪裡？溫醫師沒有高談組織架構、全民願景或是建設發展方向，她頓了頓，說道：「最重要的，還是提供患者能照顧他的家人……」語中頗多無奈。

追問之下才發現，最令照顧團隊困擾的是，在照顧癌末患者的過程中，偶爾會出現家屬推卸責任的情況，由於協會只能提供一些醫藥協助，協會的護理工作人員也沒有辦法日夜伴隨患者，因此大部分的照顧工作仍須由家屬或是患者的照顧者負擔。當這些照顧者不願意承擔責任時，不但讓協會窮於應付，患者也會感到被捨棄，處境孤單可憐。在述說的過程中，不難發現溫醫師的無奈及憤慨。

若進一步剖析家屬的反應，可能對於臨終照顧工作因無知而深感恐懼，因此不願承擔責任；其次則是家屬對死亡及末期疾病的恐懼，因為避諱談論死亡，因此經常有些似是而非的迷思，讓一般人對於死亡戒慎恐懼；再者，患者過去與家人的互動關係也是關鍵之一。曾有一位歷經四次婚姻的男性患者，末期之際無人照顧，其長女直言，出生後都不曾見過父親，要她忘懷過去全心照顧患者，她真的做不到。還有一些則是家屬自私自利，任由患者自生自滅，令人難以接受。

臨終關懷之中，有許多醫療技術及用藥雖可以舒緩患者的生理痛苦，但是心理需求乃至靈性的護慰，或是覺性的正念導引，就不是藥物可以解決的。糾正人們的死亡迷思、提供照顧者足夠的醫療訊息、改善家庭成員之間的互動，都是社會在面對死亡時應該努力的方向；只是我們在呼籲或是參與社會改革的同時，在生活中的每一天到底付出了多少愛、關懷與寬恕，或許才是關鍵的所在吧！

面對工作上的生死

牙醫學系有一位教授去世，這位老教授對牙醫學系的成立居功厥偉，他的逝世令人惋惜。我和他只是點頭之交，偶爾會寒暄兩句，但是從未深談。最近幾個月來，在教職員休息室見到他，已不若以往的精神，尤其在過去這幾週，他的體重很明顯的驟減，神色也非常憔悴，我臆測他的健康亮起了紅燈，但是基於尊重隱私，我並沒有進一步探詢究竟。

在他逝世的消息傳開後，我才從旁知悉老教授甚少與人討論他的病情，他與癌症搏鬥已有一段時間，因為他從來不談自己的情況，大家也就不方便問了。大家只知道老教授的一句話就是，哪一天他不能來上班，就代表他真的不行了。這還真的是被他說中了，他在逝世的那個星期還是堅持上班，下班後覺得身體不適被送往醫院，沒多久就去世了。事情發生得極快，至今走過老教授的辦公室還可以看到他的電腦開著，只是主人已經永遠不會回來了。

老教授的死讓我想起曾經看過的一本書，內容相關如何處理與工作相關的生死議題，這是什麼意思？這是說在我們的日常生活中，當身邊的人不幸逝世，我們的禮俗會有一套應對的方式。然而在高度發展的工商社會中，當工作場所遇到生死事件，有時候我們還真的是不知所措。舉個例子，我們雖然可以參加逝世者的葬禮，但是那畢竟是逝世者的家人所舉辦的告別式，如果逝世者在工作場所備受愛戴，我們又應該如何表達？

好些年前，同事的兩個孩子在同在一場車禍中去世，同事的哀慟自是逾恆，還記得同事遠在義大利處理孩子的後事，同事們決定在會議室為他的孩子點上一盞蠟燭。這盞燭火，遠在義大利的他是看不到的，然而卻是大家的心意。而且這燭火彷彿是一個提醒，提醒我們為同事及他的孩子寄上祈願祝禱。而今回想，那點滴的祝福，同事和孩子有沒有感受到我不曉得，但是我知道這小小的動作，讓我有機會表達心情，對於平撫我的感傷是很有幫助的。

基於自己的經驗，我於是冒昧的建議牙醫系同仁，他們應該找個時間及空間表達對老教授的思念。同仁在聽到我的建議後頗為贊同，畢竟老教授在工作場所選擇不和大家談他的生死是他的權利，我們必須尊重其意願；只是他身邊的工作同仁在他去世之後，如果覺察到自己有這樣的心理需求，理應表達，以及和他人分享對老教授的思念。生死已經是如此的難以面對，希望每個人都能找到合適的場所及方式，表達自己的哀傷及思念。

體諒老病

臺灣的樞機主教單國璽在二〇一二年八月二十二日病逝。馬來西亞的讀者或許對單主教不是很熟悉，我在臺灣留學的十年中，常聽聞主教的事蹟，他是一位很難得的智者；尤其是他在二〇〇六年罹患了癌症之後，還抱病到處演講，時刻不忘呼籲大家「珍惜生命、把握當下」。一直到臨終，還苦口婆心的勸勉世人改過向上，實在是教人感佩。

讓我起意下筆真正的理由，是因為看到一篇有關單主教罹病末期體驗的報導。報導中指出，主教在去世前兩個多月來，發生了三件讓他不好意思的糗事。這全都和他的病情及治療有關。第一件是因為肺積水，服用的藥物是要協助把體內的多餘水分排出，但是藥效太強，結果在主持天主教彌撒的過程中，無法控制自己，單主教褲子尿溼了一大半、尿液也流了一地。這對一位神職人員來說，是再尷尬不過了。另一次的尿失禁是在去醫院的途中，同樣無法控制，結果從醫院到治療檯一路都是溼漉漉的，這讓九十歲的主教在醫療人員面前醜態畢露。第三次是住院期間，因為便祕而服用瀉藥，結果藥性大發，在往廁所的途中隱忍不住，結果糞便不但拉在腳上，還拉了一地，看護不小心還踩了一腳。這位看護還嘀咕主教，怎麼才那兩步就忍不住了！

看到這，我心中感慨萬千！主教把這些經驗解讀成是上天要把他最後的一點虛榮去除掉，這是智者眼中的人生經驗。在智者的眼中，一切人間的經驗，就是在考驗我們能不能從容面對。因此睿智的主教在經歷了這三件事情後說，他終於放下了他的羞怯及矜持，這些考驗讓他「煥然一新，返老還童」。這也意味著老人家在生死的考驗中，體會到放下的真義。

然而讓我感觸的是，有多少垂死的老者能如此豁達？當這些年邁的患者被自己的病情羞辱萬分的時候，他們身邊的人到底有多少的感受及理解？生過大病的人都曉得，英雄最怕病來磨；人一病，身體哪裡還會聽使喚？不要說兩步路不能忍，急的時候半步都忍不到！因此當我們身體還健康的時候，必須時刻提醒自己，要體諒老病的感受及困境！

俗語說「久病床前無孝子」，我母親也常對我說，「老」這件事，真的是要自己體會的時候才曉得的。在我目前的工作中，如何教育未來的醫師顧及患者的尊嚴是很重要的。只是更重要的是，我們身為家屬及照顧者，如何看待親人及自己的生死尊嚴。單主教已經回歸他的天國了，希望透過他的身教，讓我們能多體諒身邊的老人家，與此同時，我們也得學習面對及處理自己的執著，如此在生死關頭，我們才能更從容豁達的面對。

生命的尾聲，照顧好自己的心。瀕死者接受和明白生死的事實，在死亡面前，也依然有懷抱希望的權利。親人在這關鍵點上，安詳的陪伴至為重要，而安詳是平日思維生死而來。

舍利弗。若有善男子善女人，聞說阿彌陀佛，
執持名號，若一日、若二日，若三日，若四日，若五日，若六日，若七日，
一心不亂，其人臨命終時，阿彌陀佛，與諸聖眾，現在其前。
是人終時，心不顛倒，即得往生阿彌陀佛極樂國土。

《佛說阿彌陀經》

吳培煥／放慢腳步，開啟心靈的另一扇窗

學習耐煩

母親的電腦寫字板出了問題好幾天，我弄了半天也摸不著頭緒。有天早上起床後，剛走下樓就看到母親坐在電腦前，母親聽到我下樓的聲響，轉過頭來笑咪咪的對著我說，寫字板自己好了！看她又開始在寫字板上龍飛鳳舞的和網友聊天，當然也替她高興。

只是再仔細思量母親為何這麼高興，想來應是能繼續和網上的朋友話家常吧！這不禁讓我想到，到底老人家多常有機會吐露自己的心聲？身為子女的我們，每天為了工作昏頭轉向，母親看到我們拖著疲憊的身體回家，也就沒有和我們多說話。有時候她興致來，話匣子一開，我們或許又會不耐煩，如果設身處地的為現代的老人家設想，他們跟子女說話的機會真的不多，被聆聽的機會就更少了。

面對這樣的情況，我們能做些什麼？就是「耐煩」，面對老人家，真的就是如此。

這可真的是說得容易做得難！原因是當老人家說話的時候，他們所說的內容很容易會引起我們的情緒反彈。為什麼會這樣？因為有些時候老人家會倚老賣老，這會讓聽他們說話的人覺得被看輕。再者老人家的關心很容易會被詮釋成擔心。擔心會讓對方感受到自己沒有能力，因為如果有能力，父母就應該不會那麼擔心了。要解決這個問題，必須從兩個部分下手。一者，老人家必須了解嘮叨是沒有用的。老人家如果能明白「沉默是金」的道理，後輩來問意見時，所給的建議才會擲地有聲！至於後輩則要重新學習如何聆聽老人家的話語。我們必須明白，老人家很多習慣是很難改變的。希望他們改變來遷就我們，那真的相當有難度。學會接受老人家就是老人家的事實，我們就不會那麼容易有情緒反彈了。

再來要打從心中明白，老人家再怎麼嘮叨其實是有期限的，一旦老人家歸西，這嘮叨也就永遠息音了。所以唯有好好把握和老人家相處的時間，才能減輕日後的遺憾！

這些道理大家都懂，真正要能做到的關鍵是能不能適時提醒自己。比如我每天下班，會儘可能在踏入家門之前把情緒調整好，告訴自己母親已經老邁，她晚上又很早睡，我回到家也晚了，相見也不過就一個多小時的時間，真的應該儘量把時間留給母親，有了這樣的心理準備，我就會變得比較耐煩。

希望大家多珍惜與年邁長輩相處的緣分，學習耐煩，多讓老人家感受到我們的愛與關懷。

誠實自然面對生死

二〇一五年我的父親與母親兩位近八十歲的老人家，身體先後不適。母親被醫師檢查出左肺有顆小腫瘤疑似癌症，所以必須進一步追蹤診斷，但是礙於母親年事已高，在診治方面必須要很小心。至於父親則在約兩週前因為便血住院，就在大家以為病情有所好轉，他的腸道忽然大量出血，結果緊急送入開刀房。以父親心血管高到百分之七十阻塞及超過五十年的抽菸歷史，手術危險度大幅提升。幸運的是他熬過了手術，整個患病過程中父親一共被輸了二十四包的全血，可說是全身的血液都被換過了。

身為一位生死學家，面對自己雙親的老邁與病痛，是很直接的生死試煉。我在獲悉父親病危後隨即從澳洲飛回馬來西亞，很慶幸的是有機會在父親要開刀之前和他見上一面。這過程讓我思考，平日在推廣生死覺醒的時候，提倡了什麼理念？自己又實踐了多少？

很多人可能以為身為一位生死研究者，我面對生死應當是自在灑脫的，對於這一點，我的看法是自在灑脫是一個目標，誠實自然則是基本的態度。誠實自然就是在面對生死的時候，對自己的種種感受要誠實以對；不管心中升起的感受是悲傷、震驚、憤怒、恐懼等等，都應該要做到不自欺欺人。當然心中的感受不一定要告諸天下，只是我們必須很清楚自己的情緒，如此才能對眼前的事情做出恰當的回應。在適當的時候和自己知心的人分享感受，往往可以幫助我們面對眼前的挑戰。至於自然，那是因為我們能誠實，所以在面對生死的時候，就比較清楚以及自然了。要做到誠實與自然，必須在平日下工夫。平常我們面對生活對自己誠不誠實？遇到考驗有沒有可以相互討論的知心好友？這些因緣如果平日沒有培養，遇到生死試煉就難免會措手不及，如此就很難自然的面對生命的挑戰。

我所以會說誠實自然，因為那就是我的心情。回想在澳洲凌晨接到有關父親病危的電話，我的心情自然是難過和激動的，也因為明白自己的情緒，我在和父親對話的時候，能很清楚的告訴自己應該和他說些什麼。我當時覺得最重要的就是讓父親知道我愛他，並且希望他從信仰中獲得力量！及至我回到國內，在加護病房中目送父親被推入開刀房，我親吻了他冰冷的額頭，在他耳邊說的依然是同樣的話。回首這十多年來的談生說死，我不敢說自己面對生死能完全自在灑脫，但是至少我盡力的做到了誠實自然。

所以說平日能誠實面對自己，就更能夠在生死中自然應對挑戰。

思前想後

二〇一五年父親忽然腸道大出血，開刀恢復後，因為害怕老人家一個人在家裡會跌倒，我們決定讓他住進了安養中心慢慢休養。我從澳洲回來探望他，看到安養中心的許多老人，有些人就是眼睜睜的看著天花板，面無表情；不然就是身體羸弱、骨瘦如材。父親住的安養中心算是怡保地區裡面很好的，但是再好的環境，如果老人自己的支持網絡不好，家人少來探訪，即便住得再舒適、吃的是山珍海味，也是食之無味、百無聊賴！這一點我真的很感激家鄉有哥哥、嫂嫂還有姪女們對父親的照顧，尤其是遠在國外的叔叔，特地請了長假，回來照顧自己的哥哥。

我在家的那幾天出入安養中心，心裡有個疑問，這些老人家每天躺著坐著，到底在想些什麼？如果躺在那裡、坐在那裡的是我，我又會想些什麼？

這些年來，我的工作和老人也常有接觸。比如在念生死學碩士時，我在高雄常春老人保健協會開設「老人健康心理學」的課程，我的學生都是六十多歲到八十多歲的老人家，每週上課，藉著課程來開解他們。時隔十幾年，我至今仍和一兩位學生保持聯繫，後來到澳洲深造，我也曾經參與 Griffith 大學與安養中心的老人健康研究。當時我每天的工作就是陪老人家散步，在過程中評估運動對老人健康的影響。因為這項研究，我也認識了幾位「老」朋友。從觀察中發現老人家很希望被陪伴，他們每次和我一起散步都是天南地北的聊，有些有宗教信仰的老人家，他們等著的就是在死後與家人團聚，但是活著的時候，他們還是很珍惜的。

開始在澳洲正式工作後，我也學習到怎樣放長假去「吃風」。出外參加旅行團，偶爾也會有年長的團員，他們有些是夫妻或是與家人同行，但是也有人是單身上路的。這些樂齡旅者有個共通之處，那就是他們對於活動的參與度相當高，細究之下，他們的態度是這一次不做就沒有下一次了。

我常說思考生死無非是為了回歸珍惜生命，其實身邊的長者也是我們很好的提醒。

有些幸運的長者，雖然年紀大了，還是來得及做自己想做的事情。但是想到跟父親一樣同住安養院的那些老人家，不禁自我警惕，人生還真的是要及時把握。

匆匆回鄉數天，也逮了個機會和叔叔載著父親到外邊逛了逛。按著父親的心願跑了幾個地方，大半天下來他開心得很也不嫌累。隔天我要離開之前，他還想要和我再去逛逛，我迫於行程以及只有我一個人，只得和父親說不。看到他失望的眼神，真讓我感到不捨。

希望天下子女珍惜與父母相處的珍貴時光。有些時候，真的得對生命及自己的生活安排來個思前想後，如此活著才會更清楚，生命也才能減少遺憾。

安詳上路

二〇一九年六月二十四日是一個讓我印象深刻的日子。當天我一如以往到Griffith大學醫學院在黃金海岸校區的辦公大樓上班。下午兩點左右，佛光會昆斯蘭的line群組傳來一則消息：「有一位來自臺灣的劉志毅師兄，在黃金海岸教學醫院加護病房，需要助念。」黃金海岸分會的王芸芳會長在群組發出緊急呼籲，希望黃金海岸的佛光人能前往協助，會長本身要四十分鐘之後才會抵達。我想說助念這事情是不能等候的，所以稍稍整理了手邊的工作，就快步往和醫學院隔一條街的教學醫院走去。到了加護病房，看到原來有兩位值班的醫師都是我過去的學生，他們很驚訝我居然會出現，說明來意之後，他們都很樂意協助。很快的我向劉師兄的家屬做了自我介紹，原來劉師兄是帶著孩子參加公司的旅行，不幸的是在旅途中腦溢血，病情危殆。在學生的協助下，我和家屬做了一些病情釐清，家屬於是和社工室以及主治醫師開會討論拔管的事情，我自己一個人和加護病房的輪值護士留了下來，於是我把握時間對著劉師兄持誦《心經》與阿彌陀佛聖號。家屬開完會後，同意在適當的時候會拔管，我看情況已經明朗化，就決定先離開回去上班。

隔天我在下班後前往探望，剛好碰到佛光山的妙來法師帶著一眾佛光人為劉師兄皈依三寶，同時也誦經助念。病房的駐床護理師非常讚歎佛教的臨終助念儀式，她覺得整個過程這麼平和，真的是非常少見。儀式完畢之後，我留了下來協助劉師兄的拔管過程。劉師兄的主治醫師 Rebecca Roach 醫師全程極度尊重家屬的意願，在家屬決定了拔管的時間後，我建議家屬選擇他們是否要在過程中留在病房，結果劉先生的大姐淑貞師姐決定留下來。在拔管之前，我在劉師兄耳畔說：「劉師兄，你這一期的生命所作皆辦。如果還有想做的事情，那要等來生再做了，現在你須關注在佛號上，到了淨土後乘願再來。這個當下希望你能『心無罣礙，無罣礙故，無有恐怖，遠離顛倒夢想』，一心往極樂淨土。」我也和劉師兄說：「拔管的過程，會感受到身體被觸動，必須盡力把注意力放在佛號上，不要被影響。」說罷我就和淑貞師姐坐在劉師兄身旁繼續念佛。拔管的過程相當快速和緩，管子移除後劉太太、兒子冠廷以及好朋友黃先生回到病房中和我們一起繼續念佛，在佛號聲中約二十分鐘內，劉師兄的心跳血壓持續下降直至歸零，期間沒有哭嚎，只有佛號；沒有飲泣，只有祝福。加護病房中的護士和醫師都大為讚歎，我的學生和我說：「從來沒有看過這麼寧靜平和的往生場面。」我說佛法對於生死有很清楚的說法，也因此我們對自己應該做的事情也有很清楚的認知，那就是盡一切能力，協助臨終者能夠寧靜祥和的走向生命形態的轉換。在劉師兄嚥下最後一口氣後，因為醫師必須做檢查確定他已經沒有生命徵象，我請醫師至少暫緩十分鐘，讓他大部分的內在生理現象都趨於止息後再做檢查，檢查的過程中 Roach 醫師也是儘量以最輕緩的動作完成。在我離開醫院後很難得的，劉師兄的家屬也被應允在加護病房中進行了八個小時的助念，在凌晨時分助念圓滿後，遺體的後續處理也是非常的平順圓滿。

這兩天的經歷，就我而言是生死的實習。劉師兄的安詳上路，為所有的參與者複習了他們生命中的生死習題。生離死別得安詳自在，確實也須平日的思維練習與廣結善緣。感謝劉師兄與家人提供此學習因緣。

延續光明延續愛

雖然人在布里斯本，但父母經常會在電話中告知家鄉的一些事情，以慰解我的思鄉情懷。前陣子母親來電，提到電臺主持人說端午節會讓大家有一種「每逢佳節倍思親」的愁緒，我尤其是想到已經往生的奶奶或是母親的粽子時，難免會有點感傷。

前陣子，我為了新書到馬來西亞各地演講，和聽眾交流時，也經常被問到應如何面對至親至愛者亡故？或是如何處理思念的心緒？在情緒的管理上，我們必須先學習如何安頓自己的失落，以及明瞭自己所失落的是什麼？想念的又是什麼？有時候我們以為已經處理好的情緒，很可能會因為某些因緣而再度觸景傷情。

有位朋友在中秋節總會特別思念母親，因為有一年中秋節，她母親即使生病了，還是為了她去買最愛吃的月餅，因此朋友只要看到月餅就會想到母親。最近在家裡翻閱姪女的漫畫書，其中有以前小時候最愛看的《小叮噹》（哆啦A夢），看著看著，彷彿就像回到了童年。

漫畫中有一則大雄乘坐時空機器回到小時候看到奶奶的故事，奶奶居然能夠認出長大十年的大雄，大雄撲倒在奶奶懷裡，眼中泛著淚光。大雄奶奶慈祥的面容，也喚起了我對外婆的思念，闔上書本，凝視放在鋼琴上外婆的遺照，眼淚就像斷線的珠子，潸然而下。

最後一次為外婆流淚應該是兩年前的事了，不料因一則漫畫，讓我又回到從前。不禁默默問自己，我在思念什麼？一面流淚一面慢慢踱步，繞著房子走了一圈又一圈，仔細品嘗潛伏心中的哀思，慢慢呵護自己哀傷的心靈。

就在一步一腳印之間，我明白了，原來我想念外婆純純的愛，外婆沒有受什麼教育，但是她講的話都很有道理。在外婆的愛裡沒有怨恨，在外婆的愛裡有的是溫暖，在外婆的愛之中看不到批判，因為外婆的愛就是純然的愛、如實的愛。

就像女作家冰心最著名的那一句「不為什麼，只因為你是我的孩子」的愛。原來長大之後，有時候想獲得愛及關注，就必須要裝「可愛」，但是久了也會覺得累。然而這卻是生活的一部分！

上班族在上司面前，或多或少也要有個樣子；在社會上有了某些身分，自然比較不能率性而為。要能卸下盔甲、放下面具，被純純的愛還真不容易。尋思至此，我才了解為什麼自己會哭得這麼傷心。

每當聽眾要求我為他們題字時，我往往會寫「延續光明延續愛」。外婆不可能再回到我的身邊，但是她所給予我的一切記憶卻會永遠在我心中，既然自己從這樣的愛中獲得如此大的慰藉，就應該在生活中展現這樣的關懷；同樣的，每個人可能會想念亡故親人的某些特質，與其想念，不如將那些特質活出來吧！當我們能將這些特質活出來的當下，親人的精神就繼續在世間發光發熱了。

外婆去世已逾二十年，在時間上她彷彿離我好遙遠，但是每當我談起生死、談起愛，還有談起把握身邊的人事物，就可以感受到她的愛仍在我的心中，看到她在我的心中對我微笑。

死亡必然會造成遺憾，但是我們應努力不要讓遺憾持續擴張，親人最樂見的，應該是我們如何努力的將他們對生命的熱愛與光明在生命中延續。當哀傷生起的時候，請面對它、接納它，從哀傷中尋回親人的美好特質，並把這些特質放在生活中實踐，這是送給亡者最棒的禮物，送給自己最好的記念。

死有重於泰山

二〇〇五年四月二日天主教教宗若望保羅二世魂歸天國了，在他的寓所前，為他守夜者將近十萬人，澳洲的電視臺不時插播最新消息，美國CNN更是全程實況轉播，世界各地的天主教友湧向教堂為宗教領袖祈禱，身在澳洲的我，心情也跟著波動了起來。

電視不停的播放教宗的各種事蹟，令我震撼而佩服的是，透過紀錄影片看到他患上巴金森氏症後，慢性老化疾病對他造成的影響，以及他的精神意志所展現的驚人力量。

大部分人如果罹患慢性老化疾病，身心必然遭受很大的打擊，尤其看到自己的身體老化變形，更叫人難以接受。但是教宗即使行動不便、步伐不穩，甚或精神不濟，卻並未因此而言休，反而堅持在生命的最前線奮戰到底。對於把痛苦視為畏途的現代人而言，他的確是一位值得我們學習的智者。

他勇於承受生命的考驗，教友把他的病苦視為他替世人承受苦難，我則認為他以身示範了生命歷程在遭遇病苦時，除了自怨自艾之外另有出路。毫無疑問的，他的耐力是驚人的，他的宗教熱忱是感人的，他和病苦奮鬥的身教示範是令人敬佩的。教宗在生命最後時刻，選擇留在住處不再回到醫院，顯示了他知所取捨，在必要時勇於放下，不願做無意義的拖延。

雖然我信仰佛教，仍決定在教宗臨終之前，到布里斯本市區的天主教堂為他燃燭祝禱。我到訪的這間教堂是一座歷史建築，裡面卻有一些非常現代化的裝潢設計，所供奉的一些聖像也非傳統造型。教堂內的燭光，晃耀在聖母瑪利亞的聖像面容上，她含笑展開雙臂，彷彿正默默注視蒼生的苦難，展現包容與接納；旁邊陳列著最新的天主教新聞報章，頭條是教宗於復活節坐在窗臺前的照片。

照片裡，教宗皺著眉頭，似乎正在咳嗽，標題寫著「受苦的僕人」，我想其含義應是指教宗身為上帝的僕人，即使苦難當前，仍不輕言放棄自己被賦予的職責。我在聖母像前，為這位老僕人燃上一盞燭光，祝福他安息主懷。

從教堂回來的次日，傳來了教宗過世的訊息，全球的目光都聚焦在梵蒂岡。其實，如果善加引導，教宗的死可以是一場全球性的生死教育，因為他個人的死牽引了無數人的心，讓大家不約而同的必須面對生死的事實，他的宗教熱誠支撐著他把生命燃燒到最後，面對死亡而無所畏懼，堪為我們的借鏡。

如果仔細省思，每個人都可以從中有所體會，贊同他的人或許會扼腕感嘆或會奮起努力；不認同他的人，如果也能反求諸己，相信更能為世界帶來祥和安定。

一般人或許會認為位高權重如教宗也難逃無常，但在我眼裡，這位曾造訪世界百多個國家，走過的路程加起來可以來回月球三趟的長者，他的死牽動了全世界億萬人的心，而這億萬人受他的感動之下，所產生出來的力量會是驚人的。

如果這億萬人可以思維他的遺言「愛可以改變人心，創造和平」，我相信這億萬人的行動也將是充滿愛與和平、美麗動人、延綿永續，而重於泰山的死，應該莫過於此吧！

最後一面

二〇〇一年恐怖分子襲擊美國的九一一事件，在滿四週年的時刻，美國電視新聞台CNN特地製作一個生還者追憶事故的單元。其中一位受訪者是一名空中小姐Alisa，她原本要在被劫的班機上值班，卻因為電腦作業疏失，幸運的無須登上這一架死亡班機。

九一一當天，她還是照常去上班，在路上遇到一位年輕的男同事Robert，當她看到Robert匆匆忙忙的跑向接駁公車時，她還特地請公車司機等候Robert上車。他們素未謀面卻相談甚歡，言談之中發現原來今天是Robert替代Alisa的班，看著Robert興致勃勃的述說希望下機之後做的事情，Alisa還為他高興。抵達機場後，他們互相道別，並且約定有機會一定要一起工作。Alisa怎樣都沒有想到，她是最後一位和Rober在機場見面的人。

不久噩耗傳來，Alisa受到很大的震撼，她慶幸自己逃過一劫，卻也惋惜一個年輕活躍的生命瞬間灰飛煙滅。四年來，Alisa一直有個心願，希望能造訪Robert的家人，讓他們知道Robert在上飛機之前，還是一貫的開朗樂天，還是如此熱情的擁抱生命，而且還深深影響她的一生。

CNN知情後，主動介入協助Alisa完成心願。在九一一事件四週年前夕，Alisa終於得償所願，千里迢迢飛到Robert的老家，懷著忐忑的心情，她輕敲Robert老家的大門，開門的是一名白髮蒼蒼的母親。

老母親雖然哀傷，卻也接受了兒子遭逢意外的事實。Alisa向Robert的母親和哥哥娓娓描述四年前的最後一天、最後一面、最後的交談，以及那在生命中永遠的迴盪。

老母親聽著聽著，眼角不禁泛起淚光，雖然流著淚，她還是點著頭，因為她對Alisa所說的這位年輕人一點都不陌生。她彷彿看到兒子的最後一天，匆忙的跑上車，和Alisa愉快的對話，從Alisa的口中，她知道兒子始終保持樂觀開朗，她知道雖然孩子才活了短短三十三年的歲月，卻沒有浪費與每一個生命交會的因緣，很踏實的活到生命的最後一分鐘。

談到最後，Alisa緊握老母親的手說，Robert影響了她的一生，她願意在未盡的人生，把Robert帶給她的樂觀開朗傳播給他人。她剛剛以第一名從大學的護理系畢業，決定從空中飛回人間，當人間生命的守護者，散播愛與關懷，鼓勵寬恕與接納，而這一切都是Robert給她的啟示，那就是珍愛生命、感恩生命、創造生命及守護生命。

四年前的那一天，Robert死了，Alisa則死裡逃生；四年後，她深深珍惜自己活下來的因緣，希望用自己的生命向Robert致敬。

我們忌諱談論死亡，但是死亡往往提醒我們如何好好的活，與其恐懼死亡的降臨，不如珍惜手上的生命。Robert雖然走了，但是他為世間增添了一位生命的守護者，與Robert的最後一面，改變了Alisa的一生。

其實我們每天在生活中與無數的人擦肩而過，很可能都是最後一面，每天同班上課的同學，畢業之後可能今生都不會再見了，我們把握了多少最後一面？又創造了多少有意義和有深度的生命交會？珍惜生命的每一次相逢，每一次相會都傳達溫情與關愛、傳達接納和包容，讓每一次相會都充滿美好，讓每一個當下都不曾留白。

如此告別

二〇一五年我執教的醫學院學生Daniel Payne，在一場摩托車的意外中去世了，二十四歲的生命就這樣戛然而止，令人惋惜。Daniel當時是二年級，他人緣極佳，在校內非常活躍，熱心公共事務，尤其非常關注弱勢族群的健康照顧，醫學院對他的逝世，既震驚又哀傷。

在院長的支持下，我們除了到Daniel的家鄉坎培拉參加他的葬禮，也在大學辦了一場追悼會。在追悼會的籌備過程中，完全尊重Daniel的好友與同學的意願，目的就是希望能辦一場幫助大家面對哀傷的聚會。

在眾人的幫忙下，短短幾天內就設計了追悼會的手冊，也從大學募得了一株即將被栽種在校園的樹苗，並準備了小卡片與蠟燭，讓與會的學生及教職員填寫對Daniel的祝願，並燃上蠟燭表示祝福。

追悼會當天，近一百五十人出席，大家靜默進入會場，寫下祝福語掛在樹苗上，燃起蠟燭擺在樹苗邊。和 Daniel 熟稔的老師擔任追悼會司儀，Daniel 的師長摯友一一上臺分享他的生平事蹟。看著投影片中 Daniel 的笑容及身影，大家在笑聲與淚光中細數與他相處的點點滴滴。最後有兩位同學上臺獻唱，以美好的歌聲紀念他充滿年輕與活力的生命。

在追悼會上，一位學生提到，Daniel 的家人希望看到的，不是大家的惋惜，而是慶祝他二十四年對生命的付出與成就。因為 Daniel 的熱誠，這二十四年來，他觸動了許多人心，我們固然可以感慨與不捨他在生命列車中提前下車，但也可以好好回憶與珍惜他生命中的一切美好。

回想這段經歷，我很感恩有機會成為這一位熱愛生命年輕人的老師，更感恩他在生死上也當了我的老師。雖然難免為他的早逝掉下眼淚，但是從他朋友的追憶中，Daniel 充分把握了生命中的每分每秒。在忙碌的醫學生涯中，他堅持每週和遠在百里外的家人分享他的生活點滴；在生活拮据的情況下，依然設法到國外和遠離家鄉的姐姐團聚；在路上遇到流浪漢，可以不顧自身安危，願意冒險把流浪漢送到他想去的地方。

活在當下與熱愛生命對他而言，不是一個口號，而是真實的生活。他身體力行的示範，讓我想到人人都必須要自問的問題：「在有限的生命中，有沒有盡力活出每分每秒？如果沒有，是什麼阻礙了我們？」執筆至此，心情還是沉重的，但是在沉重中，耳邊彷彿聽到 Daniel 的笑聲，敦促著我們好好珍惜生命的每一刻。

接受、面對、陪伴、道別。在這一期生命的生死轉換之後，於梳理哀傷的過程，可以慢慢回顧亡者生時的美好點滴，以滋潤我們的生命，同時在我們的生命中延續。

用智慧來傳授人生，用經驗來提攜後學，
用修行來開發生命，用培德來探索未來。

《佛光菜根譚》

褚秋華／人生四季之美

以生命延續生命

每一次到了要為《風采》雜誌的生死學專欄交稿的時間，都會乖乖坐在電腦前，反思過去幾個星期的生活與感想。在反思的過程中，會特別關注與生死有關的思緒感受，並把其中的點滴寫出來。我認為，只要帶著感動的心過生活，體會自然會泉源不斷，生活中信手拈來都是可用的題材。

今天坐下來的時候，忽然發現過去幾個星期發生的事情實在太多，遠在千里外的，有法國的恐怖襲擊、臺灣旅行巴士意外、美國熱氣球墜毀。近在身邊的，中學同班同學因為食道癌而英年早逝，我和他最後一次見面已不復記憶，消息傳來，心情既震撼又不捨。

在這麼多人禍與生離死別的同時，執教的大學上星期開學了，除了即將進入醫學系的資優生，另外也增加今年才開辦的急傷救護學系的學生。與學生的互動中，深深感受到他們的熱誠，也看到未來的希望與生命中無數的可能性。

這經驗讓我的心情既雀躍又感恩，雀躍的是，很高興學生這麼早就認知到學習專業臨床醫病溝通的重要性；感恩的是，有機會和他們一起學習成長。此外，醫學系有一位半身癱瘓的學生，年底就會坐著輪椅上臺領取畢業證書，他聽了我的意見，同意把自己的奮鬥過程寫成書，我聆聽他的歷程，心中除了感動，對他的毅力更是敬佩有加。

回顧這幾個星期，心情相當複雜，雖然喜悲參半，但是貫穿其中的一點是，災難與死亡始終是生命的良師，而面對死亡的其中一個方法，就是學習以生者的生命延續亡者的生命。

以生命延續生命，是指對亡者致敬的其中一個方法，就是在生活的每個當下，盡力把該做的事做好，哪怕小如點頭微笑等事，都應該誠心而做，因為好好的活著，就是對亡者最好的紀念。尤其當我們能把亡者美好的品德融入自己的生活，亡者就會活在我們的心中。

如果能落實以生命延續生命，會發現每一天都和無數的生命相連結；如果能在連接中以正面的態度相遇，就能為許多生命注入一點光明與希望，如此這個世界就可以無限寬廣，以善緣傳播更多善緣。

瑞蘭姐再見

二〇一六年受馬來西亞佛教青年總會邀請回國參加研討會，此行收穫良多，只是有一個無法彌補的遺憾，就是同在《風采》雜誌寫專欄多年的瑞蘭姐，因罹患癌症去世了。之前得知瑞蘭姐病情加重後，曾經透過《風采》雜誌的人員和她聯絡上，當時我們互傳信息，並預約十一月相見。而今看著她最後寄給我的信息，想到她已不在人世，自是非常感慨。

或許有人好奇，從事生死工作與生命教育的人，會如何面對自己的生死？誠如瑞蘭姐在報章專訪中說：「我只是凡夫俗子，難免偶爾會悲從中來。」我覺得這是再貼切不過的。雖然對死亡有心理準備，但想到自己的生死，還是難免難過與不捨。

思考生死，就是希望減少死亡對生命的衝擊，從事生死教育這些年，我的體會是如果能夠坦然接受生死，生命就不會有那麼多遺憾，因為面對生死可以重新省思生命的優先順序，也因為思考生死而覺察原來生命沒有理所當然。

透過這樣的思維，能真正體悟原來生命的每個當下，都是如此美好和珍貴的。如前所述，這輩子永遠都沒有機會和瑞蘭姐面對面道別了，但是我們把握了彼此保有聯繫的機緣，雖然相距數千里，依然為對方送上祝福。

在生死教育中，我經常提到對亡者最有意義的懷念，就是向亡者學習。瑞蘭姐創辦阿西西安寧療護中心（Assisi Palliative Care）的毅力，讓我非常欽佩。她的成就，讓我看到一個心懷利益社群理想的人，終究會獲得大眾的支持。瑞蘭姐的歷程證實，當我們找到和生命相應的理想，應該堅持不懈，即使最後不一定會成功，但如果不嘗試，永遠不曉得結果。當我們曾經全心投入，生命的遺憾自然比較少。

在生命的過程中，我們應該珍惜每一次相遇，勇敢去感受和生活。真正的快樂是在照顧自我與服務社會之間找到一個平衡點，當我們有夢想的時候，應該盡力付諸實現。謹以此文紀念瑞蘭姐，也希望大家珍惜擁有，勇敢真誠面對生活，接納生命無限的可能性，開創屬於自己的人生。

駐足感念

上週五九月二十八日是臺灣法定的孔子誕辰，同時也是教師節。這一個月來，我痛失了兩位「良師」。我所以將良師二字加上引號，是因為我從未親自在這兩人座下受教，但是多年來卻常透過他們兩人的著作獲得不少啟發；這兩位「良師」，前者為臺灣生死學大師余德慧教授；後者為一代奇人，集佛學、道家及儒學大成於一身的南懷瑾老先生。我與余教授十多年前曾有過一面之緣，和南老先生則從未謀面，只是他們兩人對生死的精闢見解，真的讓我獲益良多。

因為余教授的往生，我在醫學院的學長，臺灣安寧照顧的資深工作者許禮安醫師，在網路上提醒大家，要即時感念自己身邊的老師。因為學長的提醒及這兩位「良師」的往生，我把握週末的機會，越洋打了數通電話給我的老師。很高興的我和大學碩士班的指導教授及口試委員都聯絡上了；指導教授紀潔芳老師已經退休，她除了告訴我她如何樂活，也期盼我繼續在生死教育的領域上用功。我的碩士入學考試口試委員及碩士論文評審委員，南華大學講座教授慧開法師，則叮囑我好好加油，如果有回臺灣一定要找他坐坐。可惜有些電話因為年代久遠已經撥不通了，老師們是否健在也無從知悉，身為學生的我，很感慨沒有機會和老師對話，唯一報答師恩的方法，就是把老師所教的在生活中好好實踐吧！

除了致電給遠在臺灣的老師們，我也嘗試和數位在馬來西亞的老師聯繫。其中聯繫到我的老校長吳建成校長，吳校長歷任怡保深齋中學、吉隆坡尊孔獨立中學，而今吉蘭丹中華獨立中學校長，是國內資深的教育工作者。聽到電話的另一端傳來吳校長爽朗的聲音，心裡真的很高興。知道吉蘭丹獨中發展順利我也很感欣喜，和老校長除了閒話家常，最後還是希望他能好好保重自己的身體健康，繼續作育英才！

打了這幾通電話，心中充滿感恩的心情，畢竟很多時候我們在忙碌的生命中，往往忘記了駐足感念的重要性。藉著兩位遠方的「良師」的逝世，提醒了我這為人學生的要即時回饋師恩，試想如果你是一位教育工作者，在偶然中接到多年前的學生的電話，那該是多值得高興的事呢！眼前教師節及中秋節都過了，如果你有些讓你深深感念的老師們，請把握機會和老師說一聲謝謝！感念是無須選時機的，把電話拿起來告訴你的老師們，他們是多麼的稱職，你是多麼的感恩。

慢死深活

參加在西澳的博斯（Perth）舉行的紐澳醫療教育協會年度大會與教育研討會，能在大會見到舊雨新知固然教人欣喜。重遊博斯對我個人而言更是意義深遠，原因是博斯是我十五年前來澳洲的第一站，而今回首，十五年飛逝而過，心中真是感慨良多。

博斯除了喚起我對過往的記憶，這裡也是其中一位對我影響深遠的長者所居住的地方，這位長者是Douglas Bridge教授。Bridge教授在退休前是皇家博斯醫院（Royal Perth Hospital）安寧照顧科的主任，早在二〇〇三年我有數次難得的機會，擔任他在臺灣研討會的個人翻譯協助他，在臺灣推動安寧照顧與靈性照顧。Bridge教授非常擅長運用故事來轉述生死的大道理，他個人篤信基督教，但是對於其他信仰，他是保持絕對尊重的態度。他對患者更是視病猶親，也因此我在擔任他的翻譯的過程，真的學習良多。

讓我非常高興的是，這一次我到博斯時，碰巧他剛從國外回來；讓我們有機會碰上一面。距離我們上一次見面已有六年的時間，彼此當然有聊不完的話題。因為兩人的興趣都是在生死關懷，我們談的都是生死相關的題目，其中一個碰觸到的議題是「慢死深活」。乍聽之下，「慢死」彷彿是很可怕的，遠因是很多人都覺得生死最好是痛痛快快、一了百了。對這一點，我是抱持懷疑的態度的。如果我們對生命抱持的是豁達的態度，活的時候真誠痛快、死的時候希望「長話短說」自然是可以理解的。但是如果我們活得貪生怕死，百般不情願放下，最後希望來個「快死」了斷，殊不知在缺乏完善準備的情況之下忽然離世，於己則可能沒有好好交代，於親人則讓他們不知所措，這又情何以堪？

其實「慢死」並不一定是要拖著不能死，慢死深活這句話的重點是在「深活」。很多時候我們因為錯覺自己可以永遠活下去，所以我們並沒有好好的「深活」。也就是說，我們對生命的經歷都是蜻蜓點水般的得過且過。這樣的生活，長期下來不但無趣，也非常可惜。所謂「慢死」是體會到生死無常，在面對無常，我們能做的就是「深」活，也就是好好珍惜擁有自己身邊的一切，在活的時候要活得真切痛快！當然人生的最後，最好是能達到如生死學泰斗慧開法師所提倡的「無疾而終」，可是無疾而終確實是須長期的修練才能達成。

就這樣我和 Bridge 教授暢談了兩個小時，在道別時，Bridge 教授和我說：「朋友，這可能是我們最後一次見面了。」」對他的說法我既沒有同意也沒有反對，畢竟生死是在未定之天，我只知道我們這兩個小時的深談，讓各自都覺得非常暢快。如果這是最後一次，我們也應該沒有太大的遺憾。因為我們深知彼此不管時光長短，都是「深活中人」。

既早知 當惜之

匆匆忙忙的這一學期又近尾聲了，每年這個時候我都會買個蛋糕和學生簡單慶祝。原因是我很感謝他們讓我有機會，在他們成長的過程中陪伴他們走一段路。其實我從學期初就常和學生說：「有開始一定有結束。所以既然早知道天下無不散之筵席，我們就更應該好好珍惜擁有。」今天，我就和一群學生慶祝了這個學期的最後一堂課。但是今天對我而言卻有更深的感觸，因為就在慶祝進行到一半的時候，我收到了一個壞消息，我中學時代在怡保曾就讀的深齋中學的科學老師蔡藝平老師去世了。記得最後一次見蔡老師已經是十多年前的事了。今天驚聞老師去世的噩耗，心裡著實難過。畢竟老師是我的科學啟蒙老師，雖然那不是我的強項，心裡還是很感謝老師的教誨。再者我常覺得自己能從一位獨中生，到臺灣念醫學系和生死學研究所，然後在澳洲完成博士學位。現在在澳洲的醫學院執教，這一路走來，師長們都扮演了很重要的角色。多年來旅居海外，我常感慨真的沒有太多的機會和老師們說聲謝謝。很不幸的，今天之後我永遠錯過了和蔡老師說謝謝的機會了。

話說會來，我所以致力推動生死覺醒與生命教育，就是希望大家從死亡思考生命，簡而言之就是深切的早知而惜之。如果我們真正的認識到生死不可預料的事實，我們面對人生的態度是很難不轉變的。因為早知道一切都是有限的，我們會分外珍惜。因為知道擁有的都是一時的，我們更不敢大意。因為知道自己一路走來得到那麼多人的支持和祝福，我們深深的明白到，最好的回報就是好好的生活。

問題是，我們往往看起來雖然是早知道，但是在行動上卻還是漫不經心。這樣的態度是怎麼產生的？我認為所以知道而沒有行動，是因為沒有深切的認知到生命的真實。我們所以會如此很可能是因為長期生活在避諱談論死亡的社會，這避諱讓我們錯覺人真的可以萬壽無疆，這樣的成長環境也會讓我們不知道如何面對生死。一旦生死事件發生，我們往往就會不知所措了。

回歸到問題的解決，還是前面所說的「既早知當惜之」。畢竟面對生死變化的人生，真心珍惜是最重要的關鍵。珍惜也是可以有很多面向的，好好的在當下生活，就是珍惜自己的過去；好好的待人處事，也是對自己的成長的珍惜；好好的把老師所教導的身教與言教傳達下去，更是一種對老師的敬重與珍惜。在這裡，我要和敬愛的蔡老師說：「蔡老師，學生很抱歉沒有辦法送你最後一程，學生所能做的就是善待我自己的學生。再見了蔡老師，謝謝你！」

親愛的彩霞謝謝您

越洋的電話傳來我的老學生彩霞去世的消息，彩霞可以說是我的學生裡面最年長的。回想最早和彩霞認識，是我剛從醫學院畢業後念生死學研究所的時候，當時還是窮學生的我，經由高雄醫學大學精神科的楊明仁教授，推薦到高雄長春保健協會為退休人士上課賺取外快。我的學生大部分都是上了年紀的老奶奶，彩霞就是其中一人。當時已經近八十歲的彩霞可說是非常用功的學生，她上課總是很用心的抄筆記，對當時年紀輕輕就當老師的我，彩霞可說是非常尊重的。就這樣我在生死學研究所的那三年，彩霞和一群年長的學生和我幾乎每個星期都有約。我們的課程的內容是樂齡健康心理學，這每個星期的外快，讓我能有額外的經費購買了許多有用的參考書，對我的學習幫助可說是非常的巨大。

這群老學生對我可說是非常的支持與愛護。因為課程上了兩年後，由於政府補助的短缺，課程經費無以為繼，彩霞和其他熱心的學生，在另外一位對我也是非常關心照顧的學生蔡惠玉師姐的安排下，居然暗自在我背後籌錢，好讓課程能繼續，我就這樣被蒙在鼓裡毫不知情。後來有一次彩霞擔任牙科醫師的兒子還調侃我說：「我真的猜不透，你到底是怎麼樣讓這些老學生對你愛護有加，能疼愛你到願意把自己的私房錢拿出來繳學費。」對此我只能深深的感恩他們當時的愛心及照顧。

聽到彩霞往生的消息，心裡難免會覺得難過。我剛到澳洲念書的時候，彩霞還特地藉著到澳洲探親來看我，轉眼六年的時間就過去了，記憶猶新但已陰陽兩隔。這就是生命的真實，擁有的時候我們必須好好珍惜，失去的時候才不會那麼遺憾。要做到完全沒有缺憾，那是很不容易的。我們就只能盡心在每一個當下全心誠意的付出，以真心與人相會。

身為海外的遊子，這些年我已經很習慣偶爾會收到千里外的噩耗。面對這無可避免的生命變化，我的應對方式就是誠心祝願。把自己心中想要說的話化成祝福寄予對方，或許人們會說對方已經不在了，你說什麼都沒有用。我的想法是，對方雖然肉體已經逝去，但是他在我們的心中是永遠鮮活的。他們在天之靈若知道我們心中永遠留著那麼一個位子給他們，相信已經堪足告慰了。

對彩霞，我的話語是：「謝謝您在我剛出來當老師的時候，真心的支持，我今天所有的講學的基礎，可說是建立在那三年，和你們這一群七、八十歲的臺灣阿公、阿嬤互動而教學相長的。而今我們不得不真的在生命之旅上分道揚鑣了。彩霞……雖說你活到九十歲也算是圓滿無憾了，可想到您，我的眼淚還是流了下來，感謝你所給予我的美好回憶！我會永遠記得您，我的老學生，祝您一路好走！」

再見托比

年幼的時候，家裡總是養著貓狗。全盛時期，我照顧過三隻狗兩隻貓。當時兄姐都在國外深造，家裡寵物的總數，幾乎是住宿人口的兩倍。也因為如此，我在很年輕的時候就從寵物的生死中體會到生命的失落。還記得有一次家人買了一隻純白的母雞回家。我逗著這可愛的母雞玩得不亦樂乎，完全不曉得，牠是要來下鍋的。我玩夠了就忙別的事情去了。不料轉頭，母雞已經成了刀下冤魂，剩下的是屠殺現場的一碗雞血，事隔三十五年，我至今還記得年方八歲的我當時是哭得多麼的傷心。在接下來的成長歲月中，我擁有了不少的寵物，每隔幾年就難免一場心酸的生死離別。直至出國後，二十年來自己沒有再養過寵物了。

來到澳洲之後，在很自然的在因緣匯聚下，我開始和朋友的寵物結緣。媽媽因為和我們住在一起，也開始照顧著房東的寵物雞。原來寵物雞下蛋後，我們必須把牠的蛋拿走，不然牠一開始孵蛋就不思飲食，身形消瘦了。除了寵物雞，我也認識了一隻老狗托比。托比是中型獵犬，認識牠的時候，牠已經是十歲的老狗了（等同人壽七十歲）。托比過去曾受訓練參加各種比賽，所以和牠一起玩樂是很有趣的事情。從基本的拋球接回，到複雜的捉迷藏，甚至拆生日禮物，牠都會興致勃勃。很可惜的是托比的老化是很明顯的，認識牠四年之後，牠開始出現癡呆的現象，在接近牠生命的終點，牠的癡呆加上目矇耳聾，讓牠無法再辨認身邊的人，加上體力急速衰退，食欲不振與消化停滯。我們終於接受托比已失去生命品質的事實。

在澳洲，獸醫是會上門協助寵物去世的。有些寵物主人還會通知和寵物有緊密聯繫的人前來告別，讓寵物在關心牠的人的環繞下，嚥下最後一口氣。托比去世的當下，我也被邀到現場。在眾人的圍繞和撫觸下，托比嚥下了牠在世間十六年（等同人壽約一百二十歲）的最後一口氣。我知道我會傷心，但是沒有想到我的哀傷與哭泣，居然讓我隔天哀痛得無法上班而必須請病假。我離開馬來西亞多年，不曉得國內有沒有因為寵物死亡而請假的。但是在澳洲，我所有的同事及上司都非常支持我的心理需要。請假一天後回到工作場所，大家都自願義務幫我分攤工作，擔心的就是我依然因為托比的死而無法集中精神工作。更讓我驚訝的是，好多人也因此和我分享他們有關寵物生死的失落。當我對自己的反應做深入一層的觀察，我發現我固然因為托比的死而哀傷，其實我也在為我過去這四十多年所飼養過的寵物生死感到哀傷。畢竟在過去的觀念是貓狗死了，就再養新的吧！身為孩子，我沒有學習到如何處理對寵物死亡的哀傷，有時候大人也會在沒有經過討論的情況下把寵物轉送他人。所以這些多年積潛的哀傷，因著這一次托比死亡事件而再次浮現了。

話說回來，在生死哀傷的理論中，很重要的一點是，每個人面對哀傷的反應是不同的。面對寵物的生死，我希望大家能尊重彼此的心理需求，特別是如果你希望以任何方式，表達對寵物的思念與他們死後的處理，你就應該堅持表達你的想法，以及表明希望被尊重。而今托比已被火化，他的骨灰被放在一個印有狗爪印的骨灰瓶。放在最鍾愛牠的主人的客廳。雖然牠的身影不在，我們對牠的思念是會延續的。希望有寵物的人，各自珍惜與寵物相處的光陰，在牠們逝後，能以你想要的方式和他們告別與紀念牠們。

發現生命的色彩，接受這些顏色變化。

既然生死無可避免，如何從貪生走向不怕死？

把握當下，未竟之事，就從現在開始付諸行動。

人生不留白，寫下來去自如的感言與計畫，

闔上書本，行動在當下！

愛・生命013

貪生不怕死 念念分明 來去自如

題　　字　星雲大師

作　　者　曾廣志

畫作提供　張啓華文化藝術基金會（吳培煥、邱振國、林夏蓮、陳代樺、莊柳鶯、褚秋華、歐陽東牧）
上古藝術（王以亮、邱筱惠）（依姓氏筆畫順序）

總 編 輯　賴瀅如
主　　編　田美玲
執行編輯　蔡惠琪
美術設計　蔡佩旻

出版・發行　香海文化事業有限公司
發 行 人　慈容法師
執 行 長　妙蘊法師

地　　址　241新北市三重區三和路三段117號6樓
110臺北市信義區松隆路327號9樓
電　　話　(02)2971-6868
傳　　真　(02)2971-6577
香海悅讀網　www.gandha.com.tw
電子信箱　gandha@gandha.com.tw
劃撥帳號　19110467
戶　　名　香海文化事業有限公司

總 經 銷　時報文化出版企業股份有限公司
地　　址　333桃園縣龜山鄉萬壽路二段351號
電　　話　(02)2306-6842

法律顧問　舒建中、毛英富
登 記 證　局版北市業字第1107號

定　　價　新臺幣340元
出　　版　2019年11初版一刷
I S B N　978-986-97968-3-5
建議分類　生死觀｜心靈｜生命哲學

國家圖書館出版品預行編目（CIP）資料

貪生不怕死：念念分明 來去自如 / 曾廣志著. -- 初版. --
新北市：香海文化, 2019.11
320面；14.8×21公分. -- (愛・生命；013)
1.生死觀 2.心靈 2.生命哲學
ISBN 978-986-97968-3-5(平裝). --
197　　108016292